Balavoine parmi nous

Du même auteur

Petites histoires des grandes chansons, vol. 3, Éditions du Rocher, 2010.
Petites histoires des grandes chansons, vol. 2, Éditions du Rocher, 2009.
Mike Brant, Dans la lumière, Marque-Pages, 2009.
Petites histoires des grandes chansons, vol. 1, Éditions du Rocher, 2009.
Pascal Sevran, adieu l'ami…, City Éditions, 2008.
Le Grand Guide conseil aux futures stars, Pascal Petiot éditions, 2007.
Âge tendre et têtes de bois, TF1 Publishing, 2007.
Claude François, je soussigné…, Albin Michel, 2007.
Dalida, le temps d'aimer, City Éditions, 2007.
Polnareff, la véritable histoire d'une légende, City Éditions, 2007.
Édith Piaf, Éditions Vade Retro, 2006.
Il était une fois Marc Lavoine, Éditions de la Lagune, 2006.
Il était une fois Daniel Balavoine, Éditions de la Lagune, 2006.
Il était une fois Patrick Bruel, Éditions de la Lagune, 2005.
Les Années Podium, histoire d'une génération, Éditions de la Lagune, 2005.
Renaud, Éditions Vade Retro, 2005.
Claude François, Le Moulin de Dannemois, Éditions de la Lagune, 2005.
Mylène Farmer, destin de légende, Éditions Ramsay, 2005.
Lorie, destin de légende, Éditions Ramsay/Vade Retro, 2005.
Les Potins d'abord, Éditions Jean Attias, 2003.
Jacques Brel, Éditions Vade Retro, 2003.
Johnny Hallyday, Éditions Vade Retro, 2003.
Le Guide Star Academy, Éditions Michel Lafon, 2002.
Génération 80, 80 idoles des années 80, Éditions Michel Lafon, 2002.
Génération 70, 70 idoles des années 70, Éditions Michel Lafon, 2001.
Mike Brant, Éditions Michel Lafon, 2000.
Joe Dassin, Éditions Michel Lafon, 2000.
Claude François, la légende toujours vivante, Éditions Vade Retro, 1995.
Les Années roman-photos, Éditions Henri Veyrier, 1991.

FABIEN LECŒUVRE

Balavoine parmi nous

éditions du
ROCHER

ISBN : 978-2-268-07051-3

Introduction

Je me souviens de tout…

Il n'était pas un héros, juste un artiste concerné, un agitateur de conscience comme on dit aujourd'hui. Plus qu'un chanteur, Daniel Balavoine reste un symbole. Il était ce qu'il chantait. Il savait ce qu'il voulait. Il savait aussi ce qu'il ne voulait pas. Ses chansons étaient comme des coups de poing dans nos esprits et ses emportements l'écho d'une jeunesse incomprise.

À seize ans, pris dans la tourmente de Mai 68, il se rêvait député mais ce sera finalement en chanson qu'il fera entendre sa voix. Une voix singulière, aiguë, capable d'atteindre la tierce sans difficulté. Balavoine était un chanteur hors norme.

Fascinant pour les uns, irritant pour les autres, il ne laissait en tout cas personne indifférent. Il portait en lui la révolte propre à la jeunesse, ce sentiment que l'on peut tout changer, tout apprivoiser, bouleverser l'immuable au nom de la modernité. Chantre de la musique new wave made in France, Daniel Balavoine était résolument tourné vers l'avenir, utilisant toujours l'instrumentation électronique la plus avant-gardiste.

Artiste engagé, il ne chantait pas pour passer le temps et n'hésitait jamais à prendre la parole. Qui ne se souvient de ce 19 mars 1980, lorsque Daniel Balavoine exprima devant le futur candidat socialiste à l'élection présidentielle, François Mitterrand, le désespoir de la jeunesse de France face à la politique ? Ce jour-là, la colère de Daniel Balavoine est apparue, pour des milliers de jeunes de sa génération, comme l'expression de leurs propres doutes face à l'avenir. Dans une fin de siècle en plein chamboulement, le chanteur est devenu un porte-parole providentiel et son discours a résonné comme un oratorio de Haendel.

Balavoine était comme ça, emporté, vif, révolté... jeune tout simplement. Une jeunesse qu'une tempête de sable a figée à jamais, quelque part en Afrique, entre le Mali et le Burkina Faso.

De mes différentes rencontres avec lui, je garde cette image d'un jeune homme au visage d'éternel adolescent, plein de culot et toujours prompt à dénoncer les injustices. Il abhorrait les conservatismes et les décisions injustifiées et sans fondement.

Je me souviens de tout, j'étais un jeune attaché de presse, employé d'une grande maison de disques, lorsque je croisais régulièrement Balavoine sur les plateaux de télévision, chez Danièle Gilbert au studio 101 de la Maison de la radio, dans les coulisses des émissions de Guy Lux ou à l'Espace Cardin chez Michel Drucker.

Je me souviens notamment de notre dernière rencontre, dans un TGV, entre Genève et Paris, le 19 décembre 1985. Au départ, une émission de la TSR qui n'en finissait pas, un avion manqué qui se transforma en voyage improvisé en train. Qu'importe la situation, les belles histoires nous rassemblaient toujours et mes anecdotes professionnelles le faisaient rire aux larmes. Ainsi, durant trois heures, Daniel m'a raconté ses débuts difficiles, son expérience et surtout ses différends avec un grand patron de presse qui s'étaient soldés pour lui par son boycott dans un grand hebdomadaire de la télévision. Quelques semaines plus tard, après la tragique disparition du chanteur dans un accident d'hélicoptère, j'ai repensé à notre conversation en voyant son visage à la une du magazine en question. J'ai souri en imaginant, sans grande difficulté, sa réaction s'il avait pu voir cela. Ce jour-là, le silence de l'absence avait le bruit de l'ironie.

Daniel Balavoine était aussi un être généreux, altruiste comme il est trop rare d'en rencontrer. Sensible aux inégalités et aux difficultés des peuples africains, il s'était engagé dès 1985 dans une œuvre humanitaire visant notamment à acheminer des pompes à eau aux populations africaines en grande précarité. Dynamique, positif, il a mis toutes ses forces dans cette noble cause qui finira d'ailleurs par avoir raison de sa vie.

Véritable reflet de son temps, les années quatre-vingt, Daniel épouse tous les combats phares de cette décennie : la lutte contre le racisme ou contre la famine en Afrique avec, pour simple philosophie, une forme de nihilisme à toute épreuve.

Daniel Balavoine n'était pas un rêveur, juste un homme qui croyait pouvoir changer le monde. Ce n'était pas une question de mode pour lui, mais une question de conviction.

Si ses engagements ont parfois fait passer son métier au second plan, il ne faut jamais oublier combien Daniel Balavoine était doué. Il possédait une extraordinaire inventivité qui lui a permis de se mesurer aux plus grands musiciens américains ou anglais. D'ailleurs, vingt-six jours avant sa disparition, Daniel m'avait confié être sur le point de faire carrière de l'autre côté de la Manche. Il avait même prévu de s'installer à Londres dès le mois de février 1986 et de se produire là-bas, avec un groupe de rock. Il ne voulait pas pour autant délaisser sa carrière française et avait prévu de faire le Palais des Sports de Paris, à la fin du mois de septembre 1986.

Désirant toujours aller de l'avant, Daniel Balavoine avait aussi d'autres projets, dans la politique, l'écriture, la production et même le cinéma. À même pas trente-quatre ans, Daniel avait encore un milliard de choses à prouver.

Et puis, à notre arrivée Gare de Lyon à Paris, ce fameux 19 décembre 1985, un peu avant minuit, il me montra le cendrier en verre qu'il avait au fond de la poche de son grand imperméable. Un objet gagné à l'âge de cinq ans dans un concours de twist et qu'il gardait sur lui comme un trophée, un porte-bonheur… Le rire encore aux lèvres, on s'embrassa en se promettant de dîner un soir ensemble !

Il ne se passe pas une journée depuis sans que je pense à lui, à sa plus grande angoisse qui était de faire un jour, bien involontairement, le combat de trop. Il redoutait tant de ne plus être compris par les nouvelles générations.

Balavoine avait réalisé depuis bien longtemps que son métier reposait sur du sable. Il ne savait pas que sa vie y finirait un 14 janvier 1986.

Chanteur libertaire, aventurier qui voulait sauver l'amour, Daniel Balavoine nous a laissé une âme subversive et des chansons de toujours. Lui qui aimait tant l'inconvenance et l'orageux tourbillon du mot « vivre », est parti avec pour seule ambition d'être libre.

Sa liberté s'appelait générosité.

En Normandie... C'est là que je suis né !

Le petit Daniel a vu le jour le 5 février 1952 à Alençon dans l'Orne. Dernier d'une famille relativement aisée, il passe une enfance heureuse, chouchouté par ses parents et entouré par ses grandes sœurs, Marie-Françoise et Claire, qui ont respectivement douze et neuf ans de plus que lui, et ses grands frères, Bernard, né en 1944, Guy, né en 1946 et Yves, né en 1948. Surnommé « Moumou Caoutchouc », il est dorloté par tous ses frères et sœurs.

Je suis né à la place d'un autre, de mon frère Xavier qui fut emporté par une méningite foudroyante à quatorze mois. Je ne serais pas né, si mon frère n'était pas mort! Dans ses propos, Balavoine bouleversait parfois sa mère, qui, dans le fond de son cœur, l'avait tant désiré.

Le père, Émile, est ingénieur en urbanisme et travaille pour le ministère de la Reconstruction. Sa femme, Élisabeth La Magdelaine, est issue d'une vieille famille aristocratique du sud-ouest de la France et est antiquaire.

Mes parents ont fait les cochonneries qu'ils avaient à faire où ils pouvaient. Il se trouve qu'un jour, ils les ont faites en Normandie et que c'est là que je suis né! Je suis en fait un mélange de sang basque et landais. J'avais un grand-père un peu picard mais qui est venu s'installer tellement tôt dans le sud-ouest qu'on a oublié ça. Du côté de ma mère, mes grands-parents étaient landais. Et mes grands-mères et arrière-grands-mères étaient basques, avouera plus tard Balavoine.

Daniel a un an lorsque la famille Balavoine s'installe à Bordeaux. Ils vont y passer sept ans avant de vivre pendant deux ans à Biarritz, entre 1960 et 1962. Tout petit déjà, Daniel manifeste un esprit rebelle, il est très bavard et ne se prive jamais de donner son avis. De l'école, il garde un souvenir précis : *De l'autre côté de la chapelle, il y avait la cour des petits. J'emmerdais bien deux ou trois mecs. Quand ils étaient bien excités, je me barrais comme une fusée dans la cour des grands et j'appelais mon frangin ; « Guy, Guy, ils font que m'embêter ! » Mon frère arrivait, genre Zorro, et il castagnait les petits. Ça me faisait beaucoup rigoler. C'était vraiment dégueulasse… J'étais de toute façon un petit garçon très dégoûtant, très méchant.*

La séparation de mes parents m'a beaucoup apporté...

Il donne ses premiers concerts à l'âge de six ans, en tapant avec des baguettes de jeu de construction sur un tambourin installé entre ses genoux. Il hurle des airs d'Harry Belafonte et tape sur tout ce qui est autour de lui. Ses petits copains de classe et ses frères viennent s'asseoir dans le couloir et l'écoutent derrière la porte de sa chambre. Après la séparation de ses parents, son père décide de le mettre en pension, tout d'abord à Hasparren, puis au collège Cendrillon de Dax. Daniel restera sept ans chez les frères, son œuvre future en sera quelque peu marquée. En chanson, il déclarera plus tard : *Leurs évangiles ont fait de moi un non-croyant…* Un souvenir le marquera longtemps : *Enfant, lorsque je retournais à la pension le dimanche soir, après avoir passé la journée chez ma grand-mère, je me cramponnais aux grilles du pensionnat en pleurant toutes les larmes de mon corps.*

À propos de ses parents, Daniel confiera : *Mes parents sont restés longtemps ensemble et je les en remercie, même si je suis celui des enfants qui en a le moins profité puisqu'ils se sont séparés quand j'avais huit ans. Si durant mon adolescence, j'ai cru pouvoir me donner le droit de leur en vouloir, je le regrette infiniment parce que c'est ridicule. Finalement, ça a dû être à un moment donné, un beau couple. Je n'ai pas de souvenirs précis. Je crois que ma mère a toujours été stricte et a toujours été belle, en tout cas. Au départ, nous sommes restés avec mon père mais ma mère venait souvent. J'ai peut-être plus vécu avec mon père et ma mère que des enfants qui sont avec des parents unis jusqu'au bout. Je n'ai pas eu à m'obliger à fermer les oreilles vis-à-vis de l'un pour écouter l'autre. J'ai toujours entendu les deux. Je me dis maintenant que je suis heureux que mes parents soient séparés. Et si ça peut encourager tous les enfants qui ont entre cinq et quinze ans et qui ont des parents séparés à vivre tranquillement, tant mieux. La séparation de mes parents m'a beaucoup apporté. Même s'il y a eu des périodes de colère, de tristesse ou de sentiment d'abandon.*

Daniel Balavoine est un élève brillant, surtout dans le domaine littéraire. Mais il n'apprécie pas vraiment la pension, surtout à cause du port obligatoire de l'uniforme : *Je n'ai rien contre les facteurs, mais l'uniforme disciplinaire, j'ai mis une croix dessus, ça m'a pris très très jeune ! De toute façon, je trouve que c'est casse bonbon, les souvenirs d'enfance.* Malgré ces uniformes, Daniel conserve de son enfance un merveilleux souvenir amoureux : *C'est à Hasparren que j'ai été amoureux pour la première fois… Une histoire un petit peu banale. C'était une maîtresse d'école, je devais avoir huit ans. C'est la première petite histoire d'amour qui m'a marqué. C'était tout à fait charmant.*

C'est en observant son grand frère Bernard qui chantait dans les bars des chansons de Bob Dylan, de Hugues Aufray et du groupe vocal les Compagnons de la Chanson, que le jeune Daniel se découvre une attirance pour la musique. À l'âge de dix ans, sa tante avait essayé de lui apprendre le piano, sans succès. Ainsi, il confirma : *J'ai commencé le piano très petit. Ma tante m'a dit un jour : « Vas-y ! » Et au bout de dix secondes, elle a rangé la méthode rose parce que ça ne me plaisait pas du tout. Et puis j'ai arrêté longtemps. Un jour, j'ai habité une maison dans laquelle il y avait un piano. J'ai commencé à jouer, j'ai appris tout seul. Et je trouve que l'avantage de ne pas apprendre trop vite, c'est qu'on fait des progrès pendant longtemps ! Comme je disais à ma mère en rentrant de l'école, à quoi ça sert d'être le premier, qu'est-ce qui reste à foutre après ?*

Aussi, à dix ans, Balavoine avait une grande admiration sans limites pour Saint-Just : *Je ne pouvais pas expliquer pourquoi, seulement sa tête me plaisait et je voulais suivre la même voie ; c'est dire…*

J'ai entendu les Beatles... Je n'oublierai jamais !

Un événement va bouleverser son existence durant son enfance. Il avoue : *Ma passion pour le rock'n'roll est née lors de mon long séjour au pensionnat. J'étais souvent puni par mes professeurs. Un jour, j'ai fait une fugue, je me suis barré à la suite d'une punition. J'avais dû faire une connerie. J'ai eu une punition qui était la plus dure de l'école. On m'avait envoyé au téléphone ! Ça fait rire comme ça mais le téléphone c'était une toute petite pièce vitrée dans laquelle on t'enfermait le temps qu'il fallait, on te donnait des lignes à copier. Mais au lieu d'y aller, je suis sorti du collège. Je suis sorti par-derrière. J'ai traversé un champ de blé, je me suis retrouvé, sans le faire exprès, dans un camp militaire. Comme j'avais mon frère au collège, tout le monde s'est mis à me chercher. Je me suis paumé parce que la nuit était tombée. Finalement, il y a un grand de l'école qui m'a trouvé et qui m'a dit que je devrais rentrer. Il m'a déposé à l'école et à ce moment-là, j'ai à nouveau pris peur. Je me suis re-barré et je me suis retrouvé dans la chambre d'un pion et je me suis foutu sous le lit. Il n'était pas là puisqu'il était parti à ma recherche. Et ça paraît très romanesque, mais pourtant c'est l'exacte vérité. C'est ce jour-là que j'ai décidé de faire de la musique, parce que pour la première fois de ma vie, à ce moment-là, j'ai entendu les Beatles. C'était en 1963 et ils chantaient* She loves you. *Le transistor était resté allumé... Je n'oublierai jamais car je crois que c'est comme ça que ma vie a commencé !*

J'ai arrêté mes études et j'ai pris sa guitare !

À seize ans, Daniel quitte le pensionnat et devient externe au lycée de l'Immaculée Conception de Pau en prétextant vouloir devenir prêtre ! L'élève Balavoine est doué en français et en langues. Il arrive sans difficulté à suivre les classes jusqu'à la terminale. Cependant, il rate son baccalauréat car en Mai 68, comme tous les étudiants de France, il fait grève et participe avec ferveur aux manifestations, et collabore à la rédaction d'un petit livre blanc. Balavoine et ses copains exposent leurs revendications et s'engagent dans le mouvement révolutionnaire. Les accords de Grenelle et l'hypocrisie du système politique le dégoûtent. Pour lui, aucun changement notable n'a été apporté dans la Constitution républicaine à la suite des revendications étudiantes et ouvrières. Mai 68 reste à ses yeux une révolution avortée. Finalement, la politique l'agace et les études l'ennuient. C'est à partir de là qu'il va choisir définitivement la voie de la musique.

Je ne pensais pas du tout faire de la musique. Je m'y suis mis assez tard... Mes frères chantaient souvent ensemble, mais moi ça me branchait pas trop. J'écoutais les Stones. Je faisais partie du clan des durs, de ceux qui disaient que les Stones étaient mieux que les Beatles, que j'écoutais autant mais en cachette. Moi, je voulais faire des études, j'avais déjà décidé de faire droit, Sciences Po... J'avais dans l'idée de devenir député et de représenter ma région. Comme j'avais été mêlé de près aux événements de Mai 68, dans mon coin, j'ai été déçu en voyant arriver les soi-disant révolutionnaires, les Alain Geismar, Jacques Sauvageot et Daniel Cohn-Bendit. Ils faisaient des tournées en province, comme les chanteurs ! On se faisait une image d'eux absolument extraordinaire et finalement quand ils parlaient, on n'entendait que des conneries. Ça m'a complètement démobilisé. J'ai eu un petit peu le dégoût de tout. À ce moment-là, mon frère aîné hésitait entre la guitare et la médecine. Finalement, il a laissé tomber la guitare et continué la médecine et moi, j'ai arrêté mes études et j'ai pris sa guitare ! expliquera-t-il.

De fait, Daniel Balavoine se lance à fond dans la musique et entre dans un premier orchestre nommé Memphis. Il chante ainsi les samedis soir dans les bals et les M.J.C. en interprétant les succès du moment. Il gagne jusqu'à quatre mille francs par mois. Seulement, au bout de quelques mois, Balavoine n'en peut plus de chanter n'importe quoi, il veut interpréter du rock. Il décide ainsi d'emmener avec lui les plus jeunes membres de l'orchestre et de fonder avec eux le groupe Shake's. Désormais, il chante du Bob Dylan et peut enfin interpréter, sur des rythmes venus d'outre-Atlantique, ses propres chansons. Au bout d'une année, et après un profond désaccord artistique, il quitte le groupe et entre au sein d'une autre formation nommée Purple Eruption. Ne se sentant pas intégré, il préfère partir pour rejoindre le groupe Réveil. Balavoine est fou de joie, il peut enfin réaliser la totalité des musiques et des textes. Mais au bout de quelques semaines, irrité par le manque de motivation des autres membres du groupe, Daniel Balavoine quitte Réveil.

J'ai débarqué à Paris...
et quinze jours après, j'étais en studio !

En 1971, Daniel Balavoine décide de monter à Paris avec ses copains musiciens de Pau. Les premiers pas dans la capitale ne sont pas faciles. À cette époque, la mère de Daniel vit à Ivry et lorsqu'il est découragé, il trouve du réconfort auprès d'elle. Très vite, ses copains abandonnent et Balavoine se retrouve seul. Il repart ainsi à Pau, mais pas pour très longtemps.

Après le départ d'Erick Saint-Laurent, le chanteur du groupe pop Présence, Daniel Darras, le claviériste, et Daniel Baudon, le batteur, tentent de reformer le groupe. Présence est un groupe sérieux, qui a déjà sorti un disque 45 tours aux Disques Vogue intitulé *Filles du Nord.*

Une audition est organisée au Blanc-Mesnil en banlieue parisienne. Balavoine doit donc se procurer de l'argent pour se payer le billet de train. En quelques heures, un copain lui trouve un emploi dans une fabrique de bouchon de pêche. Ce métier provisoire le fait rire, il n'ose même pas en parler à ses proches. Qu'importe, il veut son billet de train pour tenter sa chance dans la capitale.

Bien des années après, avec humour, il confiera: *C'est là que j'ai compris les hommes, les comportements de chacun, leur bêtise… c'est finalement là que j'ai tout appris!*

Le jour de l'audition, deux chanteurs se sont présentés, Daniel Balavoine et Laurent Voulzy. C'est Balavoine qui a été retenu car il avait une voix plus adaptée à la scène et qu'il connaissait bien le répertoire de la pop music française ainsi que celui des groupes anglais du moment. *C'étaient les années héroïques de la pop française et Présence était un des six ou sept groupes qui, à l'époque, marchaient bien. Il y avait Triangle, Martin Circus, Zoo, Alice, Variations… C'était une bonne période. On m'avait d'abord appelé à Pau en me disant : « On a appris que vous chantez et que c'est bien. Le chanteur de notre groupe est parti. Est-ce que vous voulez venir ? » J'ai débarqué à Paris et quinze jours après j'étais en studio d'enregistrement. C'était assez bizarre !* avoua-t-il plus tard.

Je me mariais pour avoir une femme, un foyer, des enfants...

La pop music, c'était une musique difficile pour les maisons de disques, dans une époque où la variété triomphait. Mais il y avait un marché parallèle qui fonctionnait bien en province avec des concerts organisés dans toutes les petites salles des fêtes. Tous les musiciens qui faisaient partie de ce circuit se connaissaient et Balavoine était un des rares chanteurs à voix dans cette catégorie. En gala, il chantait du hard rock et interprétait des morceaux de Deep Purple ou Uriah Heep. Le premier 45 tours du groupe Présence nouvelle version sort en 1971 chez Vogue. C'est Daniel

Balavoine et Dany Darras qui ont signé les paroles et musiques de ces deux titres entre rock progressif et slow, *Le jour s'est levé* et *La lumière et la folie*. Hélas, les chansons n'intéressent pas les radios et les discothèques. Une tournée est organisée dans plus de trente salles en France, et à Paris au Gibus Club et au Golf Drouot.

Le groupe se déplace en camion J7 équipé de neuf sièges d'avion avec la sono à l'arrière. Roulant à une vitesse moyenne de 80 km/h, les voyages sont interminables. Pour l'anecdote, seulement deux cent quarante-sept exemplaires du vinyle seront vendus à la fin des concerts.

Côté cœur, Daniel Balavoine se marie avec une jeune femme d'origine polonaise prénommée Dominique. Il avoue : *À cette époque, je faisais partie d'un groupe de rock. On s'est rencontré au Gibus. Bien entendu, comme tout le monde m'a dit de ne pas me marier, je me suis marié ! Parce que ça m'a conforté dans mon grand sentiment d'amour. Je voulais que la fille que je fréquente porte mon nom ou que moi je porte le sien. Je ne voulais qu'un nom pour tous les deux. C'était extrêmement sérieux. Je me mariais pour avoir une femme, un foyer, des enfants.*

Devant le manque d'argent, sa jeune épouse l'oblige à travailler chez un disquaire à Paris. Daniel Balavoine en souffre beaucoup car il n'a plus le temps de composer et de se consacrer à son art. Il en tirera les enseignements nécessaires.

À cette époque,
Dieu que mes chansons étaient mauvaises !

Au bout de dix-huit mois, Daniel Balavoine quitte le groupe mais continue de composer à la demande du directeur artistique de Vogue qui ne souhaite pas se séparer de lui. Malheureusement, chacune de ses créations est refusée. Balavoine s'accroche. Il insiste auprès de son directeur artistique et le persuade de sortir un tout premier disque 45 tours avec en face A, *Viens vite* et en face B, *Lire un livre*: *Le producteur était odieux avec moi. Il ne se privait jamais de corriger les chansons avec moi et trouvait que mes textes étaient de la merde ! J'en avais marre de ces cons qui m'expliquaient mon métier, je suis parti, sans regret.* Pourtant Balavoine avouera plus tard: *Je ne regrette pas cette expérience, mais pour être honnête, Dieu que mes chansons étaient mauvaises !*

De cette collaboration avec les Disques Vogue, il restera trois titres inédits enregistrés par Balavoine retrouvés dans les archives à Villetaneuse et publiés en 1986 à la disparition de l'artiste. Également, une chanson intitulée *La confiture*, jusqu'alors jamais publiée.

Daniel Balavoine garde en mémoire la sévérité de ce directeur. Désormais, il ne veut plus être dirigé artistiquement et souhaite apprendre, par lui-même, les techniques de réalisation. Il ne veut plus dépendre des humeurs des maisons de disques et des conséquences souvent fâcheuses. Il s'oblige ainsi à rester toutes les nuits en studio pour apprendre les différentes étapes d'enregistrement d'un disque et comprendre un métier.

J'ai compris que Patrick Juvet n'aimait pas ce qu'il chantait !

Après l'expérience de ce premier disque, Balavoine et son frère Guy, qui possèdent une tessiture vocale particulière, deviennent choristes pour des groupes à la mode: Triangle, Martin Circus et même pour les Fléchettes, un des groupes créés par Claude François. Une période où Daniel et Guy prêtent également leurs voix pour des spots publicitaires pour les montres Kelton et les magasins de meubles Mobilier de France. Souvent et durant l'été, du lundi au vendredi, ils distribuent des prospectus dans les boîtes aux lettres des XVIIe et XVIIIe arrondissements de la capitale. Mais surtout, les deux frères sont engagés dans la troupe du premier opéra rock, *La Révolution Française* de Claude-Michel Schönberg et Alain Boublil. Ils jouent des marquis de la noblesse française aux côtés des Martin Circus dans le rôle du tiers état. Une période où Daniel Balavoine sympathise avec les autres membres de la troupe dont Noëlle Cordier, Michel Elias, Dani et Alain Bashung font partie.

Parallèlement, les frères Balavoine signent un contrat pour remplacer deux des membres du groupe Blanc Bleu. En septembre 1973, Blanc Bleu est invité à Europe 1 et dans les couloirs de la radio, Daniel et Guy rencontrent Florence Aboulker qui est alors la productrice éditrice de Patrick Juvet, le jeune chanteur qui enchaîne depuis plus d'un an les tubes. À cette époque, Patrick Juvet prépare un spectacle à l'Olympia et Florence recherche un choriste pour doubler son artiste sur scène. Daniel Balavoine, que Juvet surnomme « Balle de foin », « Balle de son » ou « Balle d'avoine », devient donc son choriste lors d'un Musicorama organisé à l'Olympia le

5 novembre 1973 et diffusé en direct sur Europe 1. Une collaboration qui se prolongea pendant les triomphales tournées du printemps et de l'été 1974 que Patrick Juvet fera dans toute la France.

Juvet voulait absolument reproduire les sons de son album. Il lui fallait une voix aiguë pour faire les tierces supérieures et les réponses des chœurs. C'est pour cela qu'il m'a gardé et que nous sommes partis en tournée pendant plusieurs mois, expliquait modestement Daniel Balavoine.

Une amitié réelle s'installe entre Daniel, Florence et Patrick, tant et si bien que ces derniers lui proposent de venir s'installer dans leur maison de campagne de Bonfruit en région parisienne. À ce moment-là, Patrick Juvet a besoin de prendre un virage dans sa carrière. Il a envie de casser son image de chanteur à minettes et d'être enfin pris au sérieux. Il veut interpréter autre chose que *La musica*, *Je vais me marier Marie* ou *Sonia*. Pour son nouveau disque, il demande ainsi à Daniel Balavoine de travailler avec lui. Patrick Juvet lui propose une place de choix dans son prochain album. Balavoine se souvient : *Nous vivions dans la même maison, nous avons appris à nous connaître. Je lui ai appris à fumer vraiment et à avaler la fumée de cigarette… ça fait tourner la tête ! J'ai compris tout de suite que Juvet n'aimait pas ce qu'il chantait. Je lui ai dit : « Les chansons à minettes, arrête, il faut avancer. » Je lui ai fait écouter mes compositions, j'ai découvert qu'on avait une sensibilité proche, une même pudeur, Patrick Juvet cachait tout ça. Comme moi, il aime Elton John et le groupe America. J'ai pris conscience de son désarroi et on a donc décidé de faire ensemble son nouvel album dans un style très différent pour lui. On a enregistré près de Toulouse, au Studio Condorcet. Je lui ai proposé la chanson* Couleurs d'automne*, Juvet m'a dit : « Il faut que tu l'enregistres. »*

Et Florence Aboulker n'oubliera jamais l'incident qui faillit coûter la vie à son jeune protégé, Daniel Balavoine. En effet, dans cette maison de Bonfruit, il y avait une piscine qui se trouvait à côté de la salle de musique. Une piscine couverte à côté d'un sauna dans lequel Balavoine passait des heures. Complexé par son problème de poids et obsédé par les régimes, Balavoine utilisait la chaleur extrême du sauna. Mais un jour, alors qu'il en sort, le corps brûlant, Daniel plonge aussitôt dans la piscine dont l'eau est glacée… Tétanisé par le choc thermique, il perd connaissance. Un musicien et Patrick Juvet remontent le corps inanimé de Balavoine. Les secours arrivent et portent les premiers soins au jeune artiste. Une peur bleue pour tout l'entourage et la promesse de ne plus recommencer.

Sur ce nouvel album de Patrick Juvet, Daniel Balavoine écrit la majorité des titres, dont *Couleurs d'automne*, qu'il interprète seul. Un fait rare et unique dans le milieu égocentrique du show business, lorsqu'une vedette confirmée donne, sur son album, la chance à un artiste totalement inconnu. Balavoine s'en souviendra toujours. Il gardera un immense respect et une certaine tendresse pour Juvet.

Cet album, intitulé *Chrysalide*, sort donc au printemps 1974 chez Barclay. Le premier extrait, *Regarde*, reçoit un accueil mitigé. Le public de Patrick Juvet ne comprend pas ce changement de registre. C'est lors de l'enregistrement de cet album que Daniel Balavoine a fait la connaissance d'Andy Scott, un ingénieur du son anglais qui ne va plus le quitter pendant les douze années qui vont suivre. Daniel, en plein divorce, partage avec Andy Scott, durant quelques mois, le même appartement près de la place d'Italie à Paris. Un lieu prêté par Bernard, le frère de Balavoine. Ce domicile leur permet de travailler la nuit, de jouer de la guitare et d'enregistrer des maquettes sur un vieux magnéto Revox. Souvent et ils n'avaient pas le choix, ils dormaient dans le même lit !

Cette même année, Florence Aboulker devient la productrice de Daniel Balavoine et le présente à Léo Missir, vice-président de la société Barclay et responsable des services artistiques de la maison de disques. Il dirige le label Riviera. Une rencontre qui va changer le cours de son existence. Plus tard, Léo Missir évoquera cette toute première rencontre :

« Je vois arriver dans mon bureau de l'avenue Charles de Gaulle à Neuilly, Daniel, les cheveux longs, très renfrogné, qui avait quitté les Disques Vogue et à qui je propose de faire un album. Au départ, Florence Aboulker m'avait prévenu qu'il était libre de contrat et m'avait surtout averti de son caractère de cochon. Balavoine accepte ma proposition à la condition de faire un trente cm par an, d'avoir une liberté de création totale, de pouvoir choisir ses chansons, ses musiciens, son ingénieur du son, son studio d'enregistrement, soit exactement le contraire de la méthode habituelle de l'époque. Sans savoir pourquoi, je lui ai répondu sans hésiter: "D'accord!" Il est resté abasourdi et m'a répondu: "Ah bon?" Et moi: "Oui, et même si tu veux, tu enregistres la semaine prochaine, moi je serai derrière la console pour superviser le tout." »

Sans hésiter, Daniel Balavoine signe ainsi son premier contrat chez Barclay. La seule chose que lui refusera Léo Missir, c'est de pouvoir enregistrer dans des studios situés à Londres, où

Balavoine rêvait de se rendre. Un privilège et un budget que les Disques Barclay réservaient généralement aux carrières confirmées ou aux artistes ayant déjà vendu plusieurs millions de disques.

Je revendiquais être un vrai chanteur de pop music !

En mars 1975, le premier album de Daniel Balavoine arrive chez les disquaires. Il s'intitule *De vous à elle en passant par moi*. La pochette représente le motif floral d'une carte postale rétro et le thème principal de l'album est dédié aux femmes de sa vie : *J'étais tellement heureux de sortir enfin mon premier 33 tours. J'allais dans les magasins observer les comportements des gens qui prenaient en main mon disque. À cause du visuel rétro de la pochette, certains de mes disques étaient rangés au rayon souvenir entre Jack Lantier et Tino Rossi ! Cela m'agaçait, les disquaires ne me connaissaient pas. À cette époque, je revendiquais surtout l'étiquette d'être un vrai chanteur de pop music !*

Le disque intéresse peu les animateurs de radio. L'ensemble des programmateurs boudent également l'album. Seuls Claude Villers, Patrice Blanc-Francard et Bernard Lenoir programment *Evelyne et moi* dans leur émission « Pas de panique » sur France Inter. En presse, le bimestriel *Salut !* propose à ses lecteurs trois pages sur l'apprenti chanteur Daniel Balavoine. Malgré le manque de succès, Danièle Gilbert accepte de recevoir Balavoine dans son émission quotidienne « Midi Première » et Leila Milcic le programme dans « Samedi est à vous » sur TF1, le 13 septembre 1975.

Pour Balavoine : *C'était finalement un album un peu léger, il est gentil mais sans plus. Ma personnalité n'était pas encore très précise, même ma voix était différente. Les sujets traités n'avaient pratiquement aucun intérêt vu que ça ne parlait que de moi et de mes fiancées. Ça m'arrive de le faire écouter à ceux qui ont envie de rire !*

Après ces échecs successifs, Daniel Balavoine, accompagné de ses frères Guy et Bernard, monte le groupe Mélodie S.A. Le nom de cette formation a été inspiré par le prénom de la fille que vient d'avoir Guy Balavoine avec son épouse. Deux 45 tours sont publiés aux Disques Barclay. Bien que programmé sur toutes les radios périphériques, le premier disque, édité durant l'été 1975, ne rencontre pas un vrai succès. Quant au vinyle suivant, *Sally*, il reste une chanson confidentielle, mais lui permet de participer à l'émission « Les visiteurs du mercredi » présentée par l'animateur débutant Patrick Sabatier.

Dans les mois qui suivent, selon le contrat signé avec la maison de disques, Balavoine sort deux titres inédits, *Vienne la pluie* et *La tête en bas*. Une fois de plus, le succès n'est pas au rendez-vous !

De plus, une assignation vient contrarier la maison de disques à propos du visuel de la pochette de ce 45 tours qui reproduit un tableau de Magritte de 1958, intitulé *Les vacances de Hegel*. Contractuellement, Balavoine est responsable de ses choix. Il assume, mais n'en peut plus de ce métier de chanteur, trop difficile pour lui : *J'en avais marre de tout ça, de ces pressions, de ces gens, de ces promesses... Tout m'énervait ! Je savais pourtant qu'un jour le public m'adopterait, mon heure n'était pas encore arrivée !*

Balavoine craque, il ne sait plus et ne croit plus en lui. Il s'éloigne de ce métier. Seule, la jolie et tendre Sicilienne Catherine Ferry sait le réconforter et l'encourager à nouveau. Pour réfléchir, Balavoine adopte généralement la position du fœtus, il se recroqueville toujours sur lui-même. Quant à Catherine, elle peut passer des heures à ses côtés en suçant son pouce ! Malgré de sévères engueulades dignes de Richard Burton et de Liz Taylor, ils s'aiment follement. Catherine Ferry croit en lui et en sa bonne étoile !

Dès lors, Daniel Balavoine repart. Il veut vivre de son art et se lancer dans différentes aventures. Il écrit plusieurs chansons pour Catherine Ferry qu'il présente à Léo Missir. Après une audition organisée par Aldo Martinez au studio Barclay, en présence de Balavoine, la jeune chanteuse signe aux Disques Barclay. Catherine Ferry se souvient : « J'ai rencontré Aldo Martinez qui travaillait avec Paul Lederman, le manager de Coluche et de Thierry Le Luron. Ayant appris que je chantais, Aldo a voulu que je passe une audition et m'a dit de choisir la chanson que je voulais. J'ai choisi *Couleurs d'automne*. Aldo a invité Daniel à l'audition en le prévenant qu'il aurait une surprise. J'arrive avenue Hoche et je fais la chanson. Daniel était sidéré : *Comment, mais tu chantes ? Tu ne m'en avais jamais parlé !* « Ce soir-là, on a dîné ensemble, on est sortis ensemble et on ne s'est plus quittés. J'avais l'impression de la connaître depuis toujours. On se demandait pourquoi on avait attendu tant de temps. C'était le début d'une grande histoire d'amour ! »

Puis, Catherine Ferry est choisie pour représenter la France au concours de l'Eurovision. Les auteurs et compositeurs Tony Rallo et Jean-Paul Cara créent une chanson pour l'événement. Mais Daniel veut refaire le texte. Ayant mal vécu l'échec de son premier disque, il insiste et dans le bureau de Léo Missir, hurle: *Je ne veux pas que ma gonzesse chante des conneries!* En finalité, *1, 2, 3* est enregistrée au studio Barclay de l'avenue Hoche à Paris aux côtés de l'ingénieur du son Francis Miannay. Sur la face B de ce 45 tours et pour calmer ses ardeurs, Missir propose à Balavoine de graver la chanson *Petit Jean*, composée et écrite par Daniel Balavoine. Cette année-là, le concours a lieu à La Haye, le 6 avril 1976. Daniel et son frère Guy sont dans les chœurs et Catherine Ferry termine deuxième avec 147 points derrière un groupe anglais, Brotherhood of Man, qui chante *Save Your Kisses for me* et remporte avec 164 points le 21e Grand Prix de l'Eurovision.

Ce disque a intéressé plein de gens...
Ça m'a fait connaître !

Inspiré par un voyage en Pologne, Daniel Balavoine écrit de nouvelles chansons. Comme il accompagne en télévision Catherine Ferry dont les disques se vendent dans toute l'Europe, Daniel est bouleversé par la pauvreté des pays de l'Est. Il observe les rayons des magasins vides, et les restaurants qui proposent un plat unique... La vie emprisonnée derrière le fameux rideau de fer l'inquiète, le terrorise. Ainsi, ne changeant rien à son style, le deuxième album de Daniel Balavoine, *Les aventures de Simon et Gunther... Stein*, est publié au printemps 1977. Ce 33 tours, réalisé après deux cent cinquante-six heures passées au studio au lieu des cent vingt heures prévues au départ, coûte une fortune à la maison Barclay. Balavoine est un perfectionniste, il obtient même le budget pour se rendre à Berlin pour trouver les menus détails pour illustrer son disque. À l'Ouest, il a obtenu le plan de la ville et tous les noms des rues. En revanche à l'Est, l'administration n'a pas été aussi coopérative. Balavoine est écœuré par le comportement des fonctionnaires allemands. Il quittera l'ambassade berlinoise en levant le poing et en criant : *Vive la liberté camarade !* Une réaction choquante à ce moment-là, mais digne de son personnage. À propos de son album, Daniel Balavoine s'expliquera : *J'ai pris le prétexte du mur de Berlin parce que c'était la seule chose sur la terre qui me paraissait concrète à ce point-là, c'est-à-dire que c'est quelque chose qui est vraiment bâti contre la liberté individuelle et qu'on peut toucher du doigt. C'est ce qui m'a fasciné. Tout le monde m'a dit : C'est de la folie, c'est anti-commercial, c'est triste, un gars de vingt-quatre ans ne peut pas faire un disque comme ça ! Finalement, les gens se sont laissés faire pour la bonne raison que si je ne faisais pas ce disque-là, je n'en faisais plus du tout !*

Très vite, dans chaque réunion au service artistique de Barclay, on reproche à Léo Missir d'avoir trop favorisé financièrement un artiste débutant. Daniel Balavoine aimait raconter cette histoire: *Barclay, lui-même, dans une réunion du commercial, avait prévenu mon directeur artistique Léo Missir: « Je ne sais pas ce que tu lui trouves à ce Balavoine. De toute façon avec son physique et sa voix de pédé, ça ne marchera jamais ! » Mais attention, Eddie Barclay a été admirable car il me laissait tout de même faire ce que je voulais et avec qui je voulais.*

Bien que les journalistes de *Rock & Folk* apprécient cet album, et que les critiques en général soient plutôt favorables, ce disque ne connaît, hélas, qu'un succès d'estime. *Les aventures de Simon et Gunther... Stein* se vend à moins de dix mille exemplaires. Pourtant, la chanson *Lady Marlène* est diffusée sur toutes les radios et jusqu'à huit fois par jour, pendant deux mois sur Europe 1. Certains auditeurs, parfois agacés par ce matraquage, vont même jusqu'à téléphoner pour manifester leur lassitude. Dans *France-Soir* du 7 mai 1977, un journaliste prend sa défense et encourage ses lecteurs à acheter Balavoine car selon ses propos, écouter son disque donne chaud au cœur ! Par ailleurs, Daniel Balavoine participe à de nombreuses émissions de télévision dont « Les rendez-vous du dimanche » présentée par Michel Drucker et « Musique and Music » animée par l'inoubliable Jacques Martin. C'est d'ailleurs durant la diffusion de cette émission le dimanche 29 mai 1977 que Michel Berger et France Gall, installés chez eux dans le XVIe arrondissement de Paris, découvrent pour la première fois à la télévision la voix exceptionnelle de Balavoine.

Interviewé par Jacky, en 1982, Balavoine confirme la participation de sa maman Élisabeth lors de l'enregistrement du titre *Lise Altmann* dans l'album *Les aventures de Simon et Gunther... Stein*. Élisabeth tient alors le rôle de la maman d'un des frères Stein : *Sur ce disque, mon frère avait fait deux textes et c'est dans cet album que maman a chanté, elle avait signé la feuille de séance. C'était trop bien. Et puis, avec* Les aventures de Simon et Gunther… Stein*, on peut dire que ce disque a intéressé plein de gens… J'ai fait toutes les émissions de télé de l'époque, en tout cas ça m'a fait connaître !*

Malgré tout, Balavoine souffre d'un manque de notoriété. Il accuse et dénonce l'indifférence des médias spécialisés pour sa musique. Le deuxième extrait en disque 45 tours n'obtient guère plus de succès que le précédent et très vite Daniel Balavoine se décourage et redevient choriste. Il travaille plusieurs semaines sur le premier album à paraître d'Alain Bashung, *Roman Photos*. À cette occasion, Balavoine est heureux de retrouver Daniel Darras, avec qui il avait travaillé à l'époque du groupe Présence.

À la fin de l'année 1977, Balavoine travaille beaucoup pour oublier et se remettre de sa rupture sentimentale avec Catherine Ferry. Leurs disputes sans fin ont eu raison de leur belle histoire d'amour. Une dernière scène de ménage, où Daniel jeta ses disques par la fenêtre de leur appartement, marquera le point final. Et Catherine racontera plus tard : « Daniel n'a pas voulu m'accompagner sur ma première tournée, avec Daniel Guichard. Il savait pourtant que j'avais besoin de lui. Il me promettait de venir et il ne le faisait pas, ou alors je sentais que ça lui coûtait. Je faisais des émissions importantes et ça l'emmerdait. Après ma tournée, en octobre, je ne suis pas rentrée. Je lui en voulais de ne pas avoir été présent quand j'avais besoin de lui. Je le quittais, mais je l'aimais ! Du jour au lendemain, il ne m'a plus adressé la parole. Ça a bien duré un an. Par la suite, on s'adorait, mais il me regardait avec un sourire en coin, l'air de dire : fallait pas partir ! »

Daniel Balavoine avait besoin d'être amoureux. Il ne supportait pas de vivre seul. Il s'engageait sentimentalement beaucoup avec les filles. Ses nouvelles conquêtes le passionnaient autant que ses ruptures douloureuses. Ainsi, Linda Lecomte, une brillante programmatrice musicale de la Radio

Télévision Belge, arrive dans sa vie au moment où il vit une belle histoire avec une certaine Jessica Wachthausen.

Michel Berger représente tout ce que j'aime...
C'est un être rare.

Quelque temps après, Michel Berger contacte les Disques Barclay pour rencontrer Daniel Balavoine. Berger, qui travaille avec le parolier Luc Plamondon sur *Starmania*, souhaite rencontrer rapidement Daniel Balavoine. Michel et Luc cherchent un chanteur pour tenir le rôle de Johnny Rockfort dans leur comédie musicale. Lors des essais en studio, en entendant Balavoine, Michel Berger est ébloui par son incroyable voix. Du coup, c'est Daniel Balavoine qui est choisi pour interpréter ce chef d'une bande de loubards de la banlieue nord. C'est le début d'une grande aventure. Et Balavoine confiera : *Michel Berger est un artiste que j'admire profondément. Il représente tout ce que j'aime musicalement et humainement. Il a la grâce et la douceur de ces grands compositeurs, le talent et le génie d'un grand musicien. C'est un être rare. Le fait de l'avoir connu est un événement dans ma vie.*

Pour la petite histoire, Daniel Balavoine a tellement apporté une couleur particulière au rôle de Johnny Rockfort, que Michel Berger composa *S.O.S. d'un terrien en détresse* spécifiquement pour la voix de Balavoine. Et selon les confidences de Luc Plamondon, de toutes les musiques qu'il a composées, ce titre restait celui que préférait Berger.

Et Daniel confiera : *Au début je n'étais pas très à l'aise, c'est une aventure étonnante et des rencontres fantastiques avec les autres artistes durant la préparation de l'album. Le personnage de Johnny Rockfort m'a beaucoup servi, en m'obligeant à chanter des chansons écrites par un autre.*

Et en avril 1978 le double album studio de *Starmania* arrive dans les bacs. Les chansons de cet opéra rock deviennent en quelques mois des hits. Fabienne Thibeault chante *Les uns contre les autres*, tandis que Daniel Balavoine interprète *Quand on arrive en ville*. Ces deux titres sont les plus diffusés en radio durant l'année 1978. La personnalité de Balavoine s'impose très vite dans le petit et impitoyable monde de la musique. Certains lui reprochent sa franchise, sa forte tête et ses idées nouvelles.

Attaqué de toutes parts, Michel Berger prend régulièrement la défense de son protégé, comme au micro de Didier Lecat sur France Inter : « La raison pour laquelle il y a plein de gens qui ne peuvent pas le supporter, c'est qu'il sait ce qu'il veut. Il sait ce qu'il veut faire dans ses disques, dire dans ses chansons, comment il a envie de faire de la scène. Ça paraît très simple, mais c'est plus difficile qu'on ne pense. Parce que ça veut dire que tous les gens qui travaillent autour de lui sont obligés de réviser leur idée du confort. Je crois qu'il réussit à imposer ce qu'il a vraiment envie de faire et ça, c'est une nouvelle race de chanteurs !

Ça vient de sortir comme dirait Coluche. Évidemment ça veut dire aussi beaucoup d'angoisse, quand quelqu'un a envie d'écrire quelque chose de fort plutôt que devenir riche ou alors qu'il aime mieux faire un beau spectacle que d'être simplement connu. Moi, c'est ce qui me plaît chez Balavoine. À part ça, c'est mon copain, mais ça n'a absolument rien à voir. »

J'voudrais bien réussir ma vie...

Parallèlement, et grâce à la persévérance et la détermination de Léo Missir, Daniel Balavoine sort un troisième album. Il retourne donc en studio et enregistre de nouvelles chansons dans les conditions du direct avec tous les musiciens dans la cabine. Balavoine confie alors à ses proches : *Si je ne vends pas au moins trente mille disques, je m'arrête !*

Après plusieurs semaines de travail, son directeur artistique passe au studio, situé dans le sous-sol d'un pavillon à Boulogne-Billancourt, pour écouter les premières chansons. Bien sûr, il y a déjà de très bons titres comme *Les oiseaux*, *Si je suis fou* ou cette magnifique ballade intitulée *Lucie*, mais Léo Missir ne trouve pas, dans tout ce que lui fait écouter Daniel, un titre suffisamment fort qui tirera l'album. Il lui demande donc de se remettre au travail.

C'est alors que Daniel Balavoine retrouve une mélodie qu'il avait composée et sur laquelle il avait enregistré un texte en yaourt, ne parvenant pas à trouver des paroles. Ce jour-là, il la repasse en boucle dans le studio, conscient que ce titre n'est pas abouti. Un de ses musiciens joue alors une petite harmonie sur son clavier qui est enregistrée par erreur. Ces quelques notes inspirent Balavoine pour créer une nouvelle introduction à sa chanson, qui va donner à celle-ci toute sa force et son intensité. Ne reste plus alors qu'à trouver des paroles tout aussi puissantes. Tandis que les musiciens s'en vont dîner chez Kaboul, le restaurant de couscous qui se trouve à côté du studio d'enregistrement, Balavoine reste seul et se met à écrire un texte décrivant de façon stupéfiante et lucide le métier de chanteur, entre grandeur et décadence. Pour l'anecdote, c'est en pensant à Eddie Barclay que Balavoine a eu l'idée de ce texte. D'ailleurs et pour l'exemple, c'est parce que Barclay ne le trouvait pas beau que Balavoine avait écrit « J'voudrais bien réussir ma vie... être beau, gagner de l'argent ! ». Leur couscous à peine terminé, Balavoine rappelle ses musiciens pour leur lire le texte qu'il vient d'écrire et pouvoir enregistrer la chanson dans la foulée. Au départ, elle est intitulée *J'voudrais bien réussir ma vie* en référence à la chanson d'Aznavour *J'me voyais déjà*, puis le jour où le disque doit être gravé, Balavoine téléphone à Léo Missir pour changer le titre. Ainsi, cette chanson devient *Le chanteur* et est éditée aux premiers jours de juin 1978. Balavoine, qui joue alors trois personnages dans sa chanson, l'ambitieux, l'idole et le has been, se rappelle : *Je me souviens avoir appelé Léo Missir en pleine nuit car je voulais changer le titre original de ma chanson. Ça m'obsédait, j'ai attendu qu'il soit rentré d'une soirée pour le déranger. Comme d'habitude, l'équipe commerciale de chez Barclay hésitait et préférait inscrire* Le chanteur *en face B de mon 45 tours. Les représentants et tout le personnel de la maison de disques ont vraiment été surpris par les radios qui diffusaient* Le chanteur *jusqu'à dix fois par jour. Incroyable et tellement inattendu pour tout le monde.*

Eh oui, au départ, personne ne croyait à la chanson, tant et si bien que sur le premier pressage du disque 45 tours, le titre *Le chanteur* figure en face B. Mais en quelques semaines, la chanson est multi-diffusée sur toutes les radios. L'usine de disques ne peut plus fournir les demandes, la chanson se retrouve très vite en tête de tous les hit-parades du moment et le 45 tours se vend à plus d'un million quatre cent mille exemplaires. Les médias veulent comprendre l'histoire incroyable de ce succès. Et Balavoine raconte alors son aventure aux journalistes : *Je veux participer à la création d'un disque de la première note à la dernière seconde du mixage.* Le chanteur, *c'est l'aboutissement de mes deux premiers albums. Je me situe moi-même comme un musicien-chanteur et actuellement je suis dans un groupe qui participe à la création, uni et techniquement au point. Je crois que les parties vocales et instrumentales sont équilibrées.*

Andy Scott m'aide beaucoup. Il a fait un travail de recherche de micro impressionnant, pour la prise de ma voix notamment.

En moins de trois mois, Daniel Balavoine devient une immense star de la chanson qui aime avec rage se justifier : *Je ne vais pas commencer à lancer des flèches parce que ça ne sert à rien mais il n'y a que les gens de la presse spécialisée rock française qui ne s'aperçoivent pas qu'on fait du rock. J'ai vraiment l'impression de faire de la rock music au même titre qu'Alain Chamfort, que Michel Berger, que Pierre Rapsat, que Jacques Higelin… On fait une musique volontaire qui n'est pas une simple copie conforme des vieilles traditions françaises, c'est-à-dire de Ferré, de Brel, de Brassens, de Bécaud, d'Aznavour…*

Je joue de tous les instruments, mais mal !

Le 28 février 1979, Daniel Balavoine m'accorde un tout premier entretien, dans le cadre de mes activités en presse jeune. Tout d'abord, il refusa l'interview par téléphone, il souhaitait se déplacer et me rencontrer. Il me confia aussitôt avoir besoin d'un rapport les yeux dans les yeux… selon son expression. Il était très méfiant du succès et de ses revers. Finalement, toute sa vie durant, il gardera la même fougue et les mêmes convictions. Nous sommes restés plus de deux heures ensemble dans le salon d'un hôtel de l'avenue Marceau à Paris. Ma personnalité l'amusait, mes maladresses et mes certitudes de débutant le séduisaient. À la fin de notre discussion, histoire de prolonger nos échanges verbaux, il me proposa de le raccompagner en voiture à la Gare du Nord, où un train l'emmenait en Belgique. Ses propos résonnent encore aujourd'hui dans ma mémoire et témoignent d'une incroyable détermination au tout début de sa carrière.

Je ne voulais pas chanter au départ, j'ai choisi chanteur, comme d'autres choisissent pompiers, pharmacien ou curé. C'est surtout un copain qui m'a poussé à chanter, un certain Michel Chevalier. Un jour, il m'a demandé de me joindre à son groupe. J'ai dit oui et j'ai commencé à faire des dancings et les bals du coin. Ma voix plaisait… Disons que les gens lui trouvaient quelque chose. Mais les compliments ne pleuvaient pas. L'envie de chanter s'est installée doucement en moi. J'ai enregistré une chanson, et puis une autre. J'ai fait un disque et un second. C'était l'engrenage… Je crois que si je n'étais pas chanteur, je serais devenu ingénieur du son. Je joue de tous les instruments, mais mal. En fait, je n'arrive pas à me concentrer pour réussir à être pianiste ou guitariste. Tiens, en ce moment, je n'aime pas du tout cette musique disco, mais pas du tout! Attention, je pèse mes mots. Les mouvements disco ne me motivent pas. Mais contrairement à mes prévisions, ce n'est pas une musique de passage. Cela dit, je n'ai pas un disque disco chez moi. Entendons-nous bien... Si je suis en boîte et qu'on me passe un air de Cerrone, je ne quitte pas la salle! D'autant que je viens d'enregistrer une chanson disco... C'est pour un film des frères Jolivet, une production de Claude Lelouch qui s'appelle Alors... Heureux?. *Tu sais, j'ai fait beaucoup de choses dans ma vie, j'ai même fait une maquette pour le dentifrice Ultra Brite... Et si on me demandait de chanter pour des croquettes pour chats siamois, je dirais oui pour écrire la musique. Je suis un mec bizarre. Tu sais en ce moment j'écoute le dernier 33 tours de Gary Wright et Supertramp. En chanson française, régulièrement les chansons de Christophe et aussi pas mal de Francis Cabrel. Tu dois savoir que mon idole absolue est Paul Rogers, le leader du groupe Belle Compagnie.*

J'ai un sale caractère. Plutôt un caractère d'instable. Je suis capable de beaucoup de gentillesse par moments et à d'autres, des colères de dingue. Ça m'arrive d'être comme ça sur les plateaux télé, je traîne partout une réputation de gueulard ! Sinon, je suis égoïste comme tout le monde, hélas !

Tiens, tu sais, je suis le seul chanteur français à habiter en Belgique. Je vis onze mois par ans à Mons dans un petit studio où il n'y a pas de place pour marcher. Les meubles, les bibelots et les tapis grecs envahissent la pièce. Et justement, j'ai un truc chaque matin en me levant, j'écoute les Rhapsodies Hongroises de Litz ou alors pour être de bonne humeur, je me fais une journée Beatles. Je me lève, je me passe un Beatles. Je vais dans ma voiture, je mets une cassette d'eux… Jusqu'à saturation de mes tympans ! C'est vraiment extra pour le moral. Je conseille cette méthode aux amoureux de la musique.

L'aventure d'une vie en commun... m'a posé pas mal de problèmes !

Entre le 10 avril et le 3 mai 1979, ont lieu les premières représentations de l'opéra rock *Starmania* au Palais des Congrès à Paris. Au total, plus de 100 000 spectateurs viennent applaudir ce spectacle novateur. Chaque soir, le public chante à tout rompre les succès de cette comédie musicale révolutionnaire. Ainsi, aux côtés de Daniel Balavoine on retrouve France Gall, Fabienne Thibeault, Diane Dufresne, Claude Dubois, Etienne Chicot… Par superstition, quelques instants avant d'entrer en scène, Balavoine avait l'habitude de gueuler : « Mômaaan ! » Certains soirs, ce cri de guerre s'entendait jusque dans la salle.

Pour l'anecdote, un soir au Palais des Congrès, au moment où France Gall entrait sur scène, un type sifflait dans la salle. Pour l'artiste, ce sifflement était toujours une épreuve terrible. Pendant toute la représentation, le type sifflait dès que France Gall revenait sur les planches. Au moment des saluts, Balavoine repère le spectateur siffleur, saute dans la salle en costume argenté d'extraterrestre, l'empoigne et le cogne en hurlant : « Mais tu vas fermer ta grande gueule ? » Balavoine ne supportait pas que l'on s'en prenne injustement à sa camarade de scène France Gall.

Puis, le 29 juin 1979, toute la troupe s'envole pour Montréal, où une représentation unique de *Starmania* est organisée dans le Stade Olympique.

Deux triomphes en quelques mois, Daniel Balavoine peut enfin savourer le succès. L'argent rentre facilement mais ressort vite. Beaucoup de copains, de techniciens, de musiciens s'installent chez Linda et Daniel. Au moment de la sortie de son deuxième 45 tours *Lucie*, Balavoine affirme : *Je ne trouve pas ridicule de dire que l'argent ne fait pas le bonheur, car je crois que c'est vrai. Après dix ans de galères, je gagne enfin de l'argent et j'en suis fier. Surtout pour tous ceux qui m'ont fait confiance depuis toutes ces années. Moi, je dépense mon fric comme avant le succès. J'achète des guitares, des fringues, des disques, des platines, des amplis, des magnétos… Et même des bérets basques et de la laine pour tricoter ! Voilà mon seul luxe !*

Balavoine découvre la vie au sein d'une famille de spectacle. Pour des histoires de notes ou de canulars, il se dispute souvent violemment avec Diane Dufresne. Il a aussi du mal à supporter le comportement de France Gall qui se conduit parfois comme une enfant gâtée. Daniel la surnomme Sergent Gall. Cela devient un jeu entre eux. Pour se moquer gentiment d'elle, il l'imite en tapant du pied. Les répétitions se terminent généralement dans un éclat de rire et la bonne humeur revient. Au sujet de cette aventure *Starmania*,

Daniel Balavoine avouera : *De mon expérience* Starmania, *je peux dire qu'il y a eu du bon et du mauvais. Dans le bon, la rencontre avec un des plus grands compositeurs actuels, Michel Berger, et une très bonne expérience de la scène, où j'ai peut-être montré que j'étais capable de chanter pendant deux heures avec la voix que tout le monde me connaît sans trafic de studio. Dans le mauvais, l'aventure d'une vie en commun de plusieurs mois qui m'a posé pas mal de problèmes avec certaines personnes. Et puis beaucoup de contraintes, les horaires, les déplacements, les heures de sommeil… L'opéra rock est un spectacle que je n'ai pas envie de refaire tout de suite.*

Le 4 août 1979, Daniel Balavoine partage l'affiche avec Louis Chedid et les frères Jolivet pour l'émission « Numéro 1 » de Maritie et Gilbert Carpentier qui est diffusée en direct sur TF1. Dans les coulisses des Buttes-Chaumont à Paris, Balavoine, inquiet sur l'avenir, se confie alors : *Je peux dire que j'ai frappé au bon endroit avec* Le chanteur *puisqu'il y a eu succès, mais c'est sans garantie pour la suite. Réussir un album ouvre certaines portes mais ce n'est jamais un accomplissement total. Pour le suivant, il faut repartir à zéro. Il y a tout de même un obscur sentiment d'avoir eu raison quelque part, de donner raison à ceux qui ont cru en moi... Je suis un enfant gâté qui prouve qu'il a été gâté à bon escient ! Après tout, l'essentiel n'est-il pas qu'un certain nombre de gens s'intéressent à mon travail ? C'est eux qui finalement décideront de la suite de ma carrière, car j'aime dire que je suis un être exceptionnellement quelconque !*

Je ne vois rien après l'an 2000... Je serai peut-être mort !

Dans le cadre d'un article pour le journal *Stéphanie*, Balavoine répond également à mes questions, en ce début du mois d'août 1979. Ainsi, dans sa loge des Buttes-Chaumont, juste à côté du plateau 17, il me confie avec bonne humeur, beaucoup de tendresse et un zest d'humour : *Tu sais Fabien, mon personnage préféré de l'histoire de France, c'est, pour moi, la Mère Denis, pour plein de raisons évidentes et tellement actuelles. Tu me donnes à choisir pour passer une soirée avec Isabelle Adjani ou la Mère Denis, sans hésiter je prends la Mère Denis ! À ta question, si je devais emporter une seule chose sur une île déserte, ce serait le disque que je n'ai pas encore fait !*

J'ai un truc pour séduire les filles, je connais par cœur quelques vers de « Ma bohème » d'Arthur Rimbaud : « Je m'en allais les poings dans mes poches crevées, mon paletot aussi devenait idéal, j'allais sous le ciel et j'étais ton féal... » Ça marche à tous les coups ! Et si je devais passer une petite annonce pour me marier, j'écrirais : Cherche femme capable de supporter quelqu'un d'invivable et chanteur ! Mais, j'ai un autre atout pour séduire... la cuisine. Je déteste aller au restaurant, je fais la cuisine chez moi pour mes amis. Le plat que j'adore préparer et servir... le foie de veau au vinaigre avec de la purée aux noix de muscade. Tous mes invités en sont fous !

Ah, sinon, connais-tu mon expression favorite ? Note le retour d'hélice. Ça définit généralement quelqu'un que je crois fou, tu peux traduire : regarde le fou qui passe. La chanson que j'aurais aimé enregistrer... Je crois toutes les chansons de Ferrat, de Brel, de Ferré... Tu imagines les chefs-d'œuvre ? Comme chanteur aujourd'hui, j'aime bien Alain

Souchon et j'aurais adoré chanter sa chanson qui fait... « J't'aime beaucoup mais j't'aime plus... On le fait beaucoup puis on le fait plus... » Tu sais, je suis allé le voir, il y a pas très longtemps à l'Olympia, eh bien je vais te faire une confidence : J'avais mal aux dents en arrivant et en sortant je ne pensais plus à ma douleur ! Son répertoire a des vertus anesthésiantes !... Quand il veut pour faire un duo !

Autre chose, je ne crois pas du tout à la réincarnation, mais au cas où... j'aimerais être un chat siamois dans une autre vie. Et justement, je ne vois rien après l'an 2000, je serai peut-être mort... En tout cas, je ne suis pas convaincu qu'il restera quelque chose. Tu sais, l'idée de la mort m'effraie. J'y pense parfois avant de me coucher !

Enfin, si tu me poses la question, quel personnage célèbre j'aurais voulu être, je te réponds... Daniel Balavoine ! Ah, tiens, pour finir, tu vas adorer l'histoire qui me fait beaucoup rire en ce moment... « Maman, maman ! Papa vient de se pendre dans le grenier. » La mère monte quatre à quatre les escaliers... Elle ouvre, rien ! Le gamin en souriant lui annonce : « Poisson d'avril, Papa vient de se pendre à la cave ! »

Sur scène, il faut séduire, émouvoir ou frapper au ventre !

À l'automne 1979, Daniel Balavoine sort son quatrième album intitulé *Face amour, face amère*. Un disque très attendu, arrangé et joué par Clin d'œil, son groupe. Balavoine impose l'idée de son groupe composé de talentueux musiciens qui l'accompagnent depuis toujours : Patrick Dulphy aux guitares acoustiques, Hervé Limeretz aux claviers, Roger Secco à la batterie, Patrick Bourgoin aux cuivres, Jean-Paul Batailley aux percussions, Bernard Serré à la basse et aux synthétiseurs, Colin Swinburne aux guitares électriques, Guy Balavoine aux chœurs et bien sûr Andy Scott à la réalisation. Cette équipe le rassure et l'encourage à monter sur scène. Après *Starmania*, Balavoine est enfin prêt à relever le défi. Lui qui criait encore il y a quelques mois, haut et fort : *J'ai besoin de la scène comme j'ai besoin d'oxygène !* Ainsi, produit par Claude Jarroir et Robert Bialek, le 24 novembre 1979, Balavoine effectue au Théâtre Sébastopol de Lille, son premier concert, avec, bien entendu, en lever de rideau le groupe Clin d'œil. Le début est prometteur, il y a trois cents personnes dans la salle dont cent soixante entrées payantes. Toute la presse locale salue l'événement. Balavoine, en coulisses, pleure de joie après le gala, lui qui avait failli annuler le spectacle. En effet, tout devait être parfait, avant le concert, Balavoine avait même pris des cours de chant classique. Mais arrivé à Lille, avec le trac, sa voix avait disparu ! Le médecin alors lui a prescrit, deux heures avant son entrée en scène, des inhalations à base de cortisone. Et là, le miracle s'est produit.

Ainsi, après quelques concerts en région, Daniel Balavoine se produit pour la première fois en vedette sur la scène de l'Olympia du 31 janvier au 2 février 1980. Ce spectacle est un des plus importants moments de son existence. L'instant qu'il attendait tant. Ce combat devant le Tout-Paris venu l'encourager devient un sacre. Le plus beau jour de sa vie, avec l'envie de poursuivre l'aventure : *C'est en faisant l'Olympia et cinquante galas en province que j'ai compris ce que j'aime vraiment : jouer, fort, longtemps. Bref, retranscrire sur scène mon envie de faire du rock. La scène n'accepte pas les demi-mesures. Il faut séduire, émouvoir ou frapper au ventre !*

Je réagis d'abord et je réfléchis ensuite !

L'année 1980 est surtout marquée par un événement important, le fameux face-à-face avec François Mitterrand, alors premier secrétaire du parti socialiste et futur candidat aux présidentielles de mai 1981. La rencontre a lieu le mercredi 19 mars 1980, sur le plateau du journal télévisé de 13 heures d'Antenne 2. C'est Jacques Attali, alors conseiller politique de Mitterrand, en tant que « porte-parole de la jeunesse », qui a eu l'idée de faire intervenir Daniel Balavoine dans le débat. Il l'avait rencontré quelques mois plus tôt au cours d'un déjeuner chez Michel Berger et l'avait trouvé « intéressant, vivant, original et libre ». Pour lui, il est le porte-parole idéal de la jeunesse. Et Balavoine raconte: *Le débat ronronnait, genre conversation de salon. Trois quarts d'heure se sont ainsi écoulés. Je n'avais plus rien à faire là, je me suis levé... J'ai crié comme un âne, mais après tout, ce n'est pas parce que je suis dans le hit-parade que je n'ai rien à dire!*

Ce jour-là, Daniel Balavoine était très énervé car pour être à l'heure au studio de télévision, rue Cognacq-Jay à Paris, il avait dû se lever tôt et surtout se raser avant de passer au maquillage. Un soin quotidien qui l'agaçait par-dessus tout.

Ainsi, devant deux millions et demi de téléspectateurs, et en présence du journaliste Patrick Lecocq, Balavoine démarre: *Ça fait trois quarts d'heure que j'attends alors si je ne peux rien dire avant la fin de l'émission... J'avais pris plein de notes en venant... Non je n'aurai pas le temps, je le sais déjà... J'aurai juste le temps de me mettre en colère!* Et François Mitterrand interroge: « Vous voulez commencer maintenant? » À cette question, Balavoine répond: *Non, c'est le système de l'information française qui est fait comme ça. J'aurai le temps de m'énerver une minute. Juste de m'énerver et de paraître pour un petit merdeux et un petit jeune qui fout la pagaille partout. Je préfère m'en aller tout de suite. Si j'avais su que je ne pourrais rien dire, j'aurais dormi beaucoup plus tard !* À ces mots, Balavoine se lève et Mitterrand rétorque : « Revenez et parlez-en maintenant. » Balavoine enchaîne : *Vous avez parlé pendant dix minutes au moins de l'affaire Georges Marchais… Je vous signale que la jeunesse française se fout strictement de ce que monsieur Marchais faisait pendant la guerre. Ça lui est complètement égal. Ça l'intéresserait plus… De savoir ce qui se passe et comment le parti communiste encaisse de l'argent pour le dépenser après, notamment à la mairie de Bagnolet… Il n'y a jamais eu un jeune ministre de la Jeunesse en France. C'est tous des vieux ! Regardez monsieur Soisson. Vous n'allez pas me dire que c'est un homme représentatif de la jeunesse ! Regardez comment je suis habillé. Les jeunes sont le plus souvent habillés comme moi que comme monsieur Soisson. Il faut quand même pas rêver. Tout ça c'est des bêtises. J'ai encore pris plein de notes au fur et à mesure que vous parliez. Ce qui m'aurait intéressé, c'est de savoir à qui les travailleurs immigrés payent les loyers qu'ils payent. On a vu tout à l'heure des gens qui disaient payer sept cents francs par mois. Je voudrais savoir qui encaisse de l'argent pour louer des poubelles pareilles... C'est ça que je voudrais que l'on m'explique parce que moi je ne le sais pas. C'est pas l'information qui me le dit. Je voudrais savoir pourquoi monsieur Boulin a été suicidé ou s'est suicidé, on ne le saura jamais... Pourquoi l'affaire de Broglie n'a jamais été éclaircie, pourquoi ne sait-on pas qui a assassiné le juge Renaud, j'en ai d'autres ! La seule chose que je peux vous dire monsieur Mitterrand, c'est que je suis fier d'être là. On ne s'en aperçoit peut-être pas, mais vous ne pouvez pas vous imaginer ce que c'est pour un jeune d'avoir la possibilité de parler une minute. C'est pour ça que j'avais peur de ne pas pouvoir parler. Parce que ça n'arrive jamais, il faut bien se mettre ça dans la tête !*

À ces mots, Patrick Lecocq réagit : « Nous avons donné ici même assez fréquemment la parole aux jeunes. » Et Balavoine enchaîne : *Je sais bien. Vous exagérez l'information, je suis obligé de l'exagérer moi aussi pour résumer… Ce que je peux vous donner en tout cas, c'est un avertissement. J'ai peut-être du culot de faire ça… Ce que je peux vous dire, c'est que la jeunesse est profondément désespérée parce qu'elle n'a plus d'appui. Elle ne croit plus en la politique française et je pense qu'en règle générale elle a bien raison. Ce que je peux vous dire, c'est que le désespoir est mobilisateur et lorsqu'il devient mobilisateur, il est dangereux. Et que ça entraîne le terrorisme, la bande à Baader et des choses comme ça. Il faut que les grandes personnes qui dirigent le monde soient prévenues que les jeunes vont finir par virer du mauvais côté parce qu'ils n'auront plus d'autre solution. Voilà, et je vous remercie de m'avoir laissé parler.* Et François Mitterrand reprend la parole : « Ce qui m'intéresse beaucoup, c'est que cette façon de penser, de réagir et de s'exprimer, parce qu'enfin Daniel Balavoine s'exprime par l'écrit et la musique, ait droit de cité… Il est responsable de ses paroles. C'est un citoyen comme un autre. Mais typique. Et quand je dis typique c'est parce qu'il représente, à mon sens, des centaines de milliers de jeunes. »

C'est alors que le présentateur Patrick Lecocq insiste et pose une question autour de la table : « Mais il semble que Daniel Balavoine rejette tous les hommes politiques, qu'ils soient de droite ou de gauche ? » François Mitterrand conclut : « Il a le droit ! Et pourquoi pas ? Je suis pour que tout soit dit et pour que tout homme politique puisse être mis en question. »

Après l'émission, le premier secrétaire du parti socialiste invita Daniel Balavoine à déjeuner dans une brasserie du quartier. Pendant plusieurs semaines, Balavoine gardera un contact avec le futur président. Il acceptera même de figurer à l'affiche de quelques meetings du candidat socialiste. Souvent, pour se déplacer, Balavoine préfère embarquer dans l'avion du candidat Mitterrand en campagne à travers toute la France.

Mais le lendemain de l'émission, toute la presse s'empare de l'événement. Balavoine devient un héros pour certains et un imbécile pour d'autres. Tous les éditoriaux politiques ne parlent que de ce scandale en direct à la télévision. *Le Figaro* est bouleversé par ce dérapage à la télé, *Le Matin* affirme qu'il y a du Balavoine partout, *Le Canard Enchaîné* salue l'être vivant et d'autres éditions du week-end s'interrogent : faut-il être balavoiniste ? Beaucoup dénoncent un comportement inadmissible en télévision quand d'autres affichent une certaine satisfaction. De son côté, le présentateur du journal télévisé Patrick Poivre d'Arvor ne veut pas faire de mauvais esprit, il ne se prononce pas, il reste neutre, bien qu'il ait été choqué de cette attitude, mais pas pour les mêmes raisons !

À propos de son intervention télévisée et des conséquences médiatiques, Balavoine rétorquera : *C'est quand même extraordinaire : les journalistes ont l'occasion de dire ces choses-là tous les jours et ils attendent qu'un type comme moi fasse un esclandre à la télé pour prendre leurs plumes. Je m'emporte pour ce qui m'importe : je réagis d'abord et je réfléchis ensuite !*

J'ai vraiment écrit cette chanson en pensant à Johnny !

Sur le cinquième album de Daniel Balavoine, *Un autre monde*, on découvre une chanson dédiée à Jean-Philippe Smet, plus connu sous le nom de Johnny Hallyday, *Je ne suis pas un héros*. Et l'histoire de ce tube commence véritablement le jour où Johnny Hallyday, couché et somnolant sur la banquette arrière de sa Mercedes, conduite par son secrétaire Alan Coriolan, entend à la radio Balavoine interprétant son succès *Le chanteur*. Toujours à l'écoute des nouveautés, Johnny se redresse et demande le nom de l'interprète. Il souhaite rencontrer cet auteur-compositeur. Très vite, et lors d'une émission de radio, Johnny Hallyday et Daniel Balavoine sympathisent, échangent leurs numéros de téléphone et promettent de se revoir.

Dans la semaine suivante, Balavoine écrit, en une nuit, *Je ne suis pas un héros* en s'inspirant, bien sûr, de la vie de la star Hallyday. Johnny enregistre ce titre qui figure sur son album publié juste avant l'été 1980. La chanson ne rencontrant pas le succès escompté, Balavoine décide de l'enregistrer et de l'inscrire à son répertoire. Le disque 45 tours de Daniel Balavoine publié chez Barclay à l'automne 1980 connaît un immense succès et se place en tête de tous les hit-parades. Avec plus 370 000 exemplaires vendus, la chanson résonne comme un hymne, dénonçant les excès du star-system. Le public reconnaît alors Balavoine comme un grand artiste engagé et passionné. Finalement, ses mots tendres et directs sont les miroirs de notre société. Balavoine avoue : *J'ai vraiment écrit cette chanson en pensant à Johnny, à ses frasques, à sa vie… Tout m'inspire chez lui, sa rock'n'roll attitude depuis toujours, ses mots, son regard sur la musique. Je ne pensais même pas qu'un jour Johnny puisse chanter ma chanson. J'adore cet artiste, c'est le plus grand !*

Quelques années plus tard, Johnny Hallyday interprétera *Je ne suis pas un héros*, sur la scène de Paris-Bercy, en 1991, après la disparition du chanteur. Le public est fou de joie et reprend à l'unisson les refrains.

Parfois, je fais de l'incontinence verbale !

Sur cet opus *Un autre monde* de Daniel Balavoine, figurent également d'autres succès comme ce très beau duo avec Michel Berger, *Bateau toujours*, *La vie ne m'apprend rien* ou *Lipstick polychrome*. À propos de ce 30 cm, Balavoine confiera : *La différence qu'il y a entre* Le chanteur *et* Un autre monde, *c'est surtout deux ans. Je ne dis pas que tous les chanteurs sont obligés de devenir des chanteurs engagés et à message mais je considère qu'à l'âge que j'ai, si je peux avoir la possibilité de dire certaines choses, il vaut mieux que j'en parle. J'essaye d'être de plus en plus lucide et surtout, j'ai une grande gueule. En fait, parfois, je fais de l'incontinence verbale !*

Cet album est dédié à Linda Lecomte ainsi qu'à Michel Colucci, l'ami dont Daniel Balavoine soutient la candidature aux élections présidentielles de 1981. Ainsi, Balavoine confirme: *Personne ne peut nier que l'idée de gauche est plus saine que l'idée de droite. Je me réserve le droit de voter Mitterrand au second tour. Et bien sûr Coluche au premier s'il est présent !*

J'ai envie d'avoir un enfant en ce moment

Après avoir triomphé tout l'été, France Gall et Michel Berger sont les invités d'honneur de l'émission « Numéro 1 » de Maritie et Gilbert Carpentier le samedi 15 novembre 1980. À cette occasion, Daniel Balavoine interprète pour la première fois à la télévision : *Mon fils ma bataille*. Comme une traduction inversée de son drame personnel lié à son enfance, ce titre devient très vite un succès. Balavoine se confie : *J'ai écrit cette chanson simplement parce qu'un de mes amis a vécu ce problème. J'ai appris après qu'il avait envoyé le texte de cette chanson à sa femme. Si ça a pu arranger les choses, c'est tant mieux. Au départ, cette chanson me déplaisait parce que je la trouvais un peu démagogique. Je trouve que tout ce qui traite directement des enfants est extrêmement délicat à toucher. C'est monstrueux de dire qu'on s'entre-déchire pour des enfants. Les enfants deviennent des enjeux. Ce sont des êtres humains, qu'on leur foute un peu la paix !*

Au quotidien *France-Soir*, avec beaucoup de pudeur, Daniel Balavoine avoue : *C'est un peu comme le film* Kramer contre Kramer. *L'histoire d'un divorce et d'un homme qui veut garder son môme. Je ne fais pas de l'antiféminisme mais c'est un sujet qui me touche. Sans doute parce que j'ai envie d'avoir un enfant en ce moment.*

Un artiste n'est riche que de ce qu'il donne !

Et pour la deuxième fois en vedette, Daniel Balavoine se retrouve sur la scène de l'Olympia du 10 au 14 mars 1981. Un spectacle préparé minutieusement avec ses musiciens et collaborateurs. Pour le côté pop et fantastique de l'histoire, Balavoine impose un décor en fond de scène représentant un gigantesque appareil photo qui flashe régulièrement le public. Et surtout, demande aux créateurs Marithé et François Girbaud d'habiller avec des uniformes couleur bleu de Chine, tous les musiciens, les techniciens et le personnel de l'Olympia. La presse reconnaît la qualité de ses spectacles. Elle est unanime et salue la performance de l'artiste sur scène. Heureux et comblé de joie, Balavoine affirme : *Faire de la scène est ma plus grande satisfaction. Il faut réapprendre aux gens à aimer le spectacle. J'ai voulu présenter un véritable show avec des décors, des costumes, un matériel important... Un gros investissement en partie non-récupérable. C'est un cadeau que je me fais en le faisant au public. Un artiste n'est riche que de ce qu'il donne.*

Le soir de la première, Michel Berger lui remet sur scène un disque d'or. La salle est debout pour saluer l'instant victorieux. Les yeux humides, il remercie ses parents, ses collaborateurs et les millions de personnes qui achètent ses disques.

Si Giscard est réélu le 10 mai, je déménage !

Bien que Balavoine exprime son antipathie pour certains dirigeants du parti socialiste, il participe le 30 mars 1981 au meeting que le candidat François Mitterrand tient à Strasbourg. Dans un entretien qu'il accorde au quotidien *Le matin*, Balavoine annonce : *Les hommes politiques ne me plaisent pas beaucoup. Le candidat de gauche est compromis comme les candidats de droite, mais au moins il a un avantage sur les candidats de droite, c'est qu'il défend d'idée de gauche !* Et il ajoute : *Il y a quand même dans les partis un côté nazi, avec marche militaire à l'appui quand le candidat entre dans la salle, le nom scandé, les claquements de mains, moi j'entends un peu passer le pas de l'oie. J'ai entendu à propos de Giscard d'Estaing le mot avenir. Je trouve quand même extraordinaire que des gens qui ont le pouvoir depuis des années, et qui ont mené la France dans l'état où elle se trouve, c'est-à-dire dans la merde la plus totale, dans la pollution, la pourriture... Ces mêmes gens veulent faire croire aux jeunes qu'ils sont les seuls à pouvoir sortir de cette merde-là, alors que ce sont eux qui nous y ont mis ! Si Giscard est réélu le 10 mai, je déménage !*

Le 10 mai 1981, Mitterrand est élu président de la République. La France est en effervescence, c'est le début d'une nouvelle ère, les choses changent, la télévision bouge, la bande FM va se libéraliser, de nouveaux chanteurs vont apparaître et Daniel Balavoine va faire partie de ce nouveau souffle, de ce nouveau monde.

Quelques mois après la disparition de l'artiste, François Mitterrand avouera : « J'ai d'abord apprécié le chanteur de la colère et de la tendresse, qui avait su trouver des mots et des sons en accord avec les sentiments de la jeunesse de son temps. J'ai ensuite rencontré et apprécié le révolté et l'homme de cœur, celui qui avait mis sa notoriété au service de la plus grande des causes, celle de la justice et de la lutte contre la faim dans le monde. La jeunesse de France n'oubliera pas de sitôt celui qui lui a donné une si grande leçon de vie, en allant au bout de ses passions. »

L'un des premiers reportages réalisés dans le XVIIIe arrondissement de Paris. Une photo qui figurera au verso du 45 tours *Lady Marlène*, publié en 1977.

Au printemps 1974,
Daniel Balavoine accompagne Patrick Juvet sur scène.
Ils partagent les mêmes goûts musicaux.
© Gilbert Moreau/Flo

Après les répétitions et avant le spectacle, Patrick Juvet aime aller dîner avec son ingénieur Andy Scott et son compositeur préféré, Daniel Balavoine.
© Gilbert Moreau/Flo

Souffrant d'insomnies, c'est la nuit que Balavoine compose la plupart de ses chansons.
© Gilbert Moreau/Flo

Souvenir de la tournée triomphale de Patrick Juvet, dans laquelle Daniel Balavoine est engagé comme choriste par la productrice Florence Aboulker.
© Gilbert Moreau/Flo

Lors des interviews, il refuse de parler de sa vie privée, mais accepte toujours de poser pour les photographes.
© Maria Genty/Flo

Balavoine collectionne les bérets basques. Il en possède plus d'une centaine et adore les porter.
© Maria Genty/Flo

Il participe régulièrement au Hit-Parade RTL, présenté par André Torrent.
© Maria Genty/Flo

Avec ses musiciens, il partage d'interminables parties de Scrabble.
© Gilbert Moreau/Flo

Sous son grand pull, Balavoine dissimule une croix en or dont il ne se sépare jamais. Un cadeau de sa maman.
© Maria Genty

Lors de l'émission « Top Club », toute la troupe de *Starmania* est présente. Luc Plamondon, Michel Berger, Diane Dufresne, France Gall, Fabienne Thibeault et Daniel Balavoine entourent l'animateur Guy Lux.

Lorsque Balavoine vient à Paris, il ne va jamais à l'hôtel, mais habite chez son frère, ses parents ou ses amis.

Dans les coulisses de l'Olympia, le 31 janvier 1980, aux côtés de Francis Cabrel et de Salvatore Adamo venus l'embrasser.

À l'issue de sa première représentation, Daniel Balavoine est heureux de retrouver ses amis Jean-Michel Caradec, Michel Berger et France Gall.

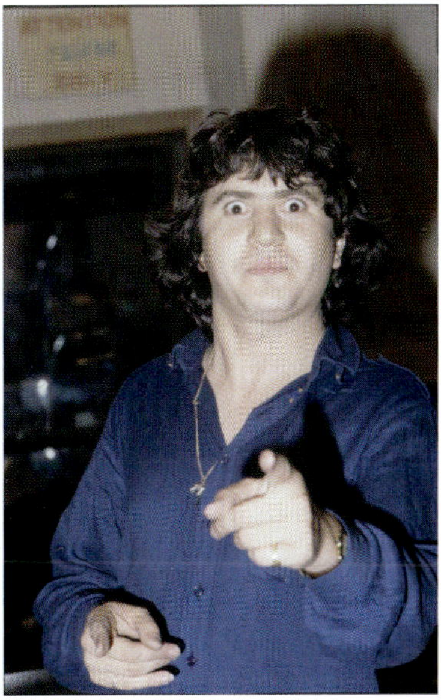

Il faut plus de deux mois de répétitions à Balavoine pour préparer sa toute première tournée produite par Claude Jarroir et Robert Bialek.
© Gilbert Moreau/Flo

Daniel Balavoine se prête au jeu du photographe Gilbert Moreau pour *Stéphanie*, un mensuel pour adolescents.
© Gilbert Moreau/Flo

En 1983, Daniel Balavoine joue le rôle du prince dans l'aventure musicale *Abbacadabra,* diffusée le jour de Noël sur TF1, avec son complice Plastic Bertrand.

Un reportage réalisé dans la chambre de l'hôtel Nelly à Puteaux, où de nombreuses scènes du film *Le chat* ont été tournées par le réalisateur Pierre Granier-Deferre avec Simone Signoret et Jean Gabin, en 1971.

Je ne veux plus me laisser piéger par les habitudes...

Mai 1981 est également une période où Daniel Balavoine est en instance de séparation avec Linda Lecomte. C'est un moment de son existence précis, où il rencontre pour la première fois sur l'esplanade de la Défense, et dans le cadre d'une manifestation publique, Corinne, sa future compagne et mère de ses enfants. Balavoine avoue :

Je crois que je n'ai été bon qu'à une chose jusqu'à présent, c'est à faire du mal à certaines personnes. Je ne me sens pas coupable et malheureux pour ça, je dis simplement que fonder un foyer, c'est une chose qui ne me réussit pas pour le moment parce que j'en fais un rêve alors que je sais bien que ça n'en est pas un, c'est la vie avec ses difficultés. Alors, je prends des engagements, je fais de grands serments, je fais de l'incontinence amoureuse. Si je suis amoureux, je dis immédiatement « Je t'aime ». Je ne dis pas « Je suis amoureux ». Alors que ça n'est pas exactement la même chose. J'installe les gens, je les fais rêver, je leur dis des choses sincères et je me laisse piéger par les usures et les habitudes. Et je ne veux plus que ça arrive. Parce que c'est une injustice profonde... Quitter quelqu'un fait mal à la personne qu'on quitte. Je peux dire que ça fait beaucoup de mal à celui qui quitte aussi. C'est comme ça.

Plus tard, lors d'une émission sur RTL, Balavoine confirmera: *Il y a des choses dans une vie de couple qui sont des tue l'amour. Et ça, j'y crois fermement. L'amour conjugal est quelque chose d'extrêmement délicat. Il y a un paradoxe dans l'amour, c'est qu'on nous apprend que c'est le sentiment le plus merveilleux et, dans notre éducation, c'est celui qu'on nous apprend à dispenser le moins. C'est assez étonnant. On nous apprend dès le départ qu'on ne peut aimer qu'une femme dans sa vie. Et moi, je ne crois pas que ce soit possible. On peut en aimer une plus que les autres. Je ne crois pas qu'une femme puisse réunir toutes les qualités pour un homme, de la même manière qu'un homme ne peut pas réunir toutes les qualités pour une seule femme. On s'arrange avec, on fait des concessions, ce qui peut être déjà le début de la fin. Je me dis que si on a l'impression qu'effectivement on peut ressentir un amour durable, il faut le distiller. Il ne faut pas être vingt-quatre heures sur vingt-quatre avec l'autre. Je vais dire une chose qui va faire bondir les gens en l'air parce que je vais avoir l'air puritain alors que je suis très loin de l'être. Ne faites pas votre toilette ensemble! L'autre jour, j'ai discuté avec une fille de la première nuit qu'on avait passée ensemble. On s'était vu dans un hôtel. Nous avons fait l'amour et après, je suis resté pudiquement dans le lit. Elle est partie dans la salle de bains et elle est revenue se mettre au lit. Je suis parti dans la salle de bains. Nous ne sommes pas allés dans la salle de bains ensemble. Et à chaque fois que le drap s'est entrouvert, c'était extraordinaire. Je m'aperçois qu'on s'habitue à voir le corps d'une femme et que ce n'est pas logique. On devrait le voir toujours avec la même sensation. Mais il faut user de combines et déjouer cet ennemi qui se nomme l'habitude, la monotonie.*

Et à propos de la fidélité en amour, Balavoine n'hésite pas à affirmer ses convictions, sa propre expérience... : *La fidélité, en amour comme en amitié, c'est être là au bon moment. Si une femme m'aime, j'aime autant qu'elle me soit fidèle quand je ne suis pas là. Tout ce que je demande, si elle ne l'est pas, c'est de ne pas le savoir. Ça ne m'intéresse pas. Je ne me considère pas comme propriétaire de la personne qui est avec moi. Donc, elle fait ce qu'elle veut. Ce que je veux c'est que, quand je suis là, la personne soit là aussi et quand elle a besoin de moi, il faut absolument que je sois présent aussi. C'est ça l'amour !*

Les artistes français sont assez grands pour se défendre tout seuls !

À la rentrée 1981, au retour d'une tournée d'été triomphale à travers toute la France, Balavoine réagit violemment aux propos de Pascal Sevran qui, à la demande de Jack Lang, a été chargé par le ministère de la Culture d'établir un rapport sur l'état de la chanson française: *Quand il s'agit d'un métier, chacun le fait comme il veut. J'estime que les artistes français sont assez grands pour se défendre tout seuls et qu'on n'a pas besoin d'avoir un rapport. On n'a besoin ni d'être notés, ni d'être jugés, ni d'être décrits ou racontés… On dit que la chanson française est attaquée par la chanson anglo-saxonne. Moi, je connais un excellent moyen de défendre la chanson française, c'est d'en faire de la bonne. La musique anglo-saxonne nous a effectivement envahie, à juste titre parce qu'elle est souvent meilleure que la nôtre. Quand des groupes comme Police, Supertramp ou Genesis viennent en France, on voit arriver ces gens-là avec des structures de scène monumentales, avec de vrais spectacles. Et les chanteurs français qui demandent des tarifs prohibitifs et qui arrivent les mains dans les poches vont commencer à devoir se ronger les ongles des pieds parce qu'on ne va plus aller les voir. Sans compter qu'on est quelques chanteurs français à vouloir s'en mêler aussi !*

Et aux détracteurs, à ceux qui lui reprochent d'être un chanteur de gauche, Balavoine répond aussitôt : *Je ne fais pas partie de ces chanteurs engagés de gauche qui ne chantent que devant un public de gauche ou de ces chanteurs engagés de droite qui ne chantent que devant la majorité silencieuse. Je ne fais pas de politique, je fais du sentiment politique !*

Souvent, lors des interviews, Balavoine doit se justifier. Ses propos choquent et ses mots souvent puissants et justes mettent parfois en doute sa sincérité et son engagement. Il répond alors : *J'essaye de m'exprimer avec sincérité, ce qui n'est pas obligatoirement plus sain parce qu'il n'est pas évident que ce soit sain de gagner de l'argent en vendant ses sentiments !*

Moi, je suis un mélodiste, pas un compositeur !

Au mois d'avril 1982, Daniel Balavoine sort son sixième album studio intitulé *Vendeurs de larmes*. Il amorce un virage dans sa carrière et dissout le groupe Clin d'œil, après sept années de précieuse collaboration artistique. Il engage de nouveaux musiciens et déclare : *Il est nécessaire de se renouveler, sept ans de fidélité c'est déjà exceptionnel. Je souhaite que la collaboration avec mes nouveaux musiciens puisse durer aussi longtemps. Nous travaillons vraiment ensemble. Moi, je suis un mélodiste, pas un compositeur. La musique, je la chante, je la joue, mais je ne sais pas l'écrire. Je ne considère pas cela comme une tare : c'est largement suffisant pour ce que je veux faire.*

Pour ce disque, réalisé avec sa nouvelle équipe dans un studio à Ibiza, Balavoine interprète treize chansons. Il durcit le son des guitares électriques et impose un style rock et commercial. Le premier extrait, *Vivre ou survivre*, est publié en 45 tours et en maxi 45 tours dans une version Club. Pendant près de quatorze semaines, le titre se classe aux premières places des hit-parades, et plus de 400 000 disques se vendent en quelques semaines. À propos de ce succès, Balavoine déclare : *Je voudrais dire, pour ceux qui manquent d'humour et qui prennent les choses au premier degré, que cette chanson est une critique que j'espère assez forte des gens cyniques et des exploiteurs. Ça n'est pas parce que je dis « Je » que c'est moi. Je préfère le préciser de façon à ce qu'il n'y ait pas de malentendu !*

Une chanson qu'affectionne particulièrement Balavoine, sur cet opus : *Soulève-moi.* Il affirme : *Ce titre est l'exemple type de ce que j'appelle une chanson d'amour. C'est l'histoire d'un jeune mec qui est un peu perdu, qui s'en va dans Pigalle et qui pour la première fois s'adresse à une prostituée. Il pense à toute la pourriture qu'il y a autour, la seule chose qui puisse lui faire oublier ça, c'est de faire l'amour avec une femme. Parce que c'est vrai qu'à ce moment-là, je le dis sans vulgarité aucune, ça aide. Je crois que l'amour physique est une chose qui aide la tête et la chanson veut simplement raconter ça.*

Quel pied d'être sur scène et de chanter pour ceux qui vous aiment !

Au même moment où les murs de la capitale sont couverts d'affiches annonçant le prochain spectacle de Daniel Balavoine au Palais des Sports de Paris, du 9 au 13 juin 1982, l'album *Vendeurs de larmes* reçoit le prix Diamant de la chanson française.

Haut et fort, il affirme alors : *Je ne pense pas faire de la variété. J'espère être catalogué parmi ceux qui font de la bonne musique rock, comme Higelin, Bashung, Téléphone ou Charlélie Couture. Surtout, je cherche avec mes musiciens une nouvelle forme de rock français que je pense avoir trouvée !*

Régulièrement, les journalistes qui annoncent ses prochains concerts parisiens, le provoquent sur les valeurs d'un métier en pleine mutation. Selon la presse, l'appellation « star » est souvent utilisée à tort pour évoquer un personnage public ou un chanteur. À cela Daniel Balavoine rétorque : *Il y a, à mon avis, beaucoup plus de stars qu'avant, mais la conception même de la star a changé. Des gens que je connais dans ce métier, Cabrel, Souchon, Julien Clerc, Michel Berger, France Gall, ne se préoccupent pas d'être eux-mêmes des stars. Ce qu'ils désirent voir devenir des stars, ce sont leurs disques, leurs spectacles, leurs chansons, et ils préfèrent être derrière ce qu'ils font. Tout ce qui est derrière nous : musiciens, éclairages, qualité et niveau de son, doit être pris en considération et c'est l'ensemble qui devient star. Disons, même si cela fait un peu prétentieux, qu'aujourd'hui nous sommes un peu la boule de feu qui projette des rayons sur ce qui nous entoure, tandis qu'avant, tous les rayons étaient concentrés sur le chanteur.*

Souvent, Balavoine désigne Michel Berger comme l'homme à la base de la nouvelle chanson française. Il aime répéter : *C'est au moment où il a fait chanter Véronique Sanson dans une sonorité vraiment nouvelle, élaborée, intéressante, que Michel Berger a été le premier à réellement assimiler les influences anglo-saxonnes, et surtout le premier à faire que cela ne s'entende pas. Il a décomplexé ainsi pas mal d'artistes français. Je lui dois la fierté de ne plus me sentir écrasé par la musique anglo-saxonne.*

Ainsi, un peu avant l'été, Balavoine se produit donc sur scène à Paris. Toutes les places ont été vendues en quelques semaines. Coproduisant le spectacle, Daniel Balavoine installe sur scène des écrans géants, un décor de cinéma animé de stores vénitiens et près de mille projecteurs qui éclairent la scène. Savourant son succès et les vingt mille spectateurs ayant loué leurs places à l'avance, il avoue : *Ce Palais des Sports est important pour moi et ma carrière. Il confirmera ou pas mon talent. J'ai besoin de m'exprimer, de respirer les planches, de transpirer, de parler aux foules... De vivre pleinement mon métier quoi ! En même temps c'est un défi pour moi et mon staff, car au même moment les Rolling Stones se produisent à l'hippodrome d'Auteuil. J'espère faire plus d'entrées que Mick Jagger ! Quel pied d'être sur scène et de chanter pour ceux qui vous aiment. Je ne donnerai pas ma place pour un vampire ! C'est sûrement la plus belle chose qui m'arrive en ce moment !*

Plus d'un an après l'élection de François Mitterrand à la présidence de la République, Daniel Balavoine est parfois obligé de répondre aux questions pressantes des journalistes. Ces derniers attendent un message de l'artiste engagé Balavoine : *Si j'étais confronté aujourd'hui à François Mitterrand, je réagirais de la même manière. Ce que j'ai dit à l'époque est encore valable aujourd'hui. À cela près que j'ai rencontré, depuis, beaucoup de journalistes politiques, qui m'ont posé des tas de questions qui m'ont pris au dépourvu, et que j'ai appris à être plus prudent. J'ai pris conscience qu'en disant quelques mots simples, ceux de tous les jours, mais en ayant le privilège d'être Daniel Balavoine, l'artiste qui est un peu connu, grâce à la télévision, cela pouvait prendre des proportions énormes, donc qu'il fallait faire attention.*

Du 29 septembre au 6 décembre 1982, Balavoine se produit dans plus de cinquante villes en France, en Belgique et en Suisse. Une occasion de tester son équipe en déplacement. Pour détendre l'atmosphère et distraire ses camarades, Daniel Balavoine n'est jamais le dernier pour faire des plaisanteries sur son propre répertoire. Ainsi, discrètement sur scène, il change certaines paroles de ses chansons. *Mon fils ma bataille* devient *Mon slip à ma taille*, *La vie ne m'apprend rien* se transforme en *Lévy ne me prend rien* ou son tube *Je ne suis pas héros* se métamorphose en *Je ne suis pas du terreau.* Tous les musiciens hurlent de rire sans que le public ne se rende compte des modifications de textes. Une ambiance inoubliable pour toute l'équipe qui chaque soir attend impatiemment le feu vert du boss sur scène.

Je suis tenté par le côté sportif et le côté aventure...

En janvier 1983, Daniel Balavoine, qui avait mis des années avant de passer son permis de conduire, s'est découvert une passion pour les voitures et les courses automobiles, et participe à son premier Paris-Dakar, avec Thierry Deschamps sur une Datsun aux couleurs de *Paris-Match*. Il avoue alors : *Ça me fascine. C'est quelque chose qui fait bouger le corps et qui fera fatalement bouger la tête au bout de huit mille kilomètres. Je recherche de la vie, comme dans tout le reste ! Je suis copilote-navigateur. Je suis tenté à la fois par le côté sportif et le côté aventure. Je suis amateur, c'est vrai, mais je pars avec un semi-professionnel. Ce sera difficile, mais il faut être très stimulé !*

Effectivement, ce premier Paris-Dakar est assez difficile. Les voitures n'étaient pas assez bien préparées. Après des problèmes mécaniques, Balavoine et son coéquipier sont obligés d'abandonner dès leur arrivée à la première étape algérienne. À propos des journalistes qui le questionnent sur sa participation au Paris-Dakar, Balavoine s'explique : *Au début, les journalistes de la presse automobile sont venus voir la bête curieuse. Ils me demandaient si je faisais ça pour la pub. J'ai dit et je maintiens orgueilleusement que je n'ai pas besoin de ça ! Et qu'en plus, si vraiment j'avais besoin de faire un coup d'éclat pour vendre des disques, j'aurais plus vite fait de montrer mon cul sur la place de l'Étoile que d'aller m'emmerder pendant vingt jours et vingt nuits dans le désert !*

Lui qui détestait l'idée de conduire, lorsqu'il revient à Paris en mars 1983, commence à s'acheter des voitures, une Austin, une Jaguar, un Range Rover, un 4 x 4 BMW et tant d'autres.

Puis, il participe à une nouvelle aventure musicale, un conte intitulé *Abbacadabra* écrit par Alain et Daniel Boublil, autour des tubes du groupe suédois Abba, aux côtés de Fabienne Thibeault, Plastic Bertrand et Catherine Ferry. Daniel Balavoine tient le rôle du prince et interprète trois titres dont *Belle* en duo avec Frida, l'une des deux ex-chanteuses du groupe Abba. Parallèlement au disque, *Abbacadabra* devient un show de télévision pour les enfants, diffusé le jour de Noël sur TF1.

Il vaut mieux être contre tout ce merdier que dedans !

Du 10 au 28 octobre 1983, Daniel Balavoine est engagé bénévolement sur la radio parisienne 95,2 pour signer et enregistrer des billets d'humeur sur l'actualité, diffusés quotidiennement à 18 h 30. Ces chroniques commencent toujours par « Camarades, camarades ! » dans un esprit libertaire et se terminent par une phrase clé: « Il vaut mieux être contre tout ce merdier que dedans ! »

Lorsque Balavoine aborde un sujet délicat sur les excédents alimentaires en Europe, avec rage et détermination il affirme: *Les ministres européens ne peuvent pas se mettre d'accord sur nos excédents en produits laitiers. Je l'ai entendu hier soir à la télé, alors ça doit être vrai. Même que le commentateur a dit qu'il y avait deux mille cinq cents tonnes de lait en poudre stockées en Hollande dont on ne sait pas quoi foutre. Alors moi, il m'est venu une idée idiote. Puisqu'ils s'engueulent parce qu'il y en a trop, on a qu'à les donner aux Brésiliens qui crèvent de faim !*

Des propos parfois mal interprétés par les critiques qui se déchaînent sur Balavoine. Sensible à ces mots et à son engagement pour les plus démunis, Coluche prendra sa défense et soulignera souvent la volonté et le courage de l'artiste à dénoncer les stupidités de notre société. À cela Balavoine rajoute : *Oui, la liberté, l'espoir, la vérité que tous nous promettent, nous l'attendons… Moi, je vous le dis, il vaut mieux rêver tout haut que subir le cauchemar en silence !*

Je voudrais dire...
J'emmerde les anciens combattants !

Enfin, le 23 octobre 1983, Daniel Balavoine participe à l'émission « Sept sur Sept », créée par Jean-Louis Burgat et Erik Gilbert, et diffusée sur TF1. Il va pouvoir enfin s'exprimer sur l'actualité du moment à la télévision. Et ce jour-là, le fait marquant est l'attentat contre les troupes françaises et américaines à Beyrouth. Cinquante-huit soldats français ont été tués par l'explosion de deux camions-suicide. Daniel Balavoine, dont le frère Yves est au Liban, est particulièrement touché par cet événement et au cours de l'émission, devant cinq millions de téléspectateurs, il prend violemment la parole : *On entend souvent dire les adultes : oui, ça se voit que vous n'avez pas connu la guerre, il vous faudrait une bonne guerre. Moi, je leur dis maintenant bien en face : on l'a, la guerre ! Ma mère a connu trois guerres puisqu'elle est née pendant la première, elle a vécu la deuxième, et ce matin, elle a eu la guerre, la vraie, puisque mon frère est au Liban et ma mère, à sept heures du matin, a su qu'il y avait des soldats là-bas qui étaient morts. Elle ne savait pas sur qui c'était tombé et jusqu'à midi, elle s'est rongé les sangs pour savoir si mon frère était dans le tas ou pas. Alors je voudrais dire devant tout le monde que j'emmerde les anciens combattants, qu'on a autre chose à foutre que s'occuper des anciennes guerres…*

Cette prise de position en direct fait exploser le standard de TF1. Dans les jours qui suivent, Balavoine reçoit des coups de téléphone orduriers, des lettres d'insultes, de protestations et de menaces. La presse n'est pas tendre non plus avec lui. Elle le présente comme « le Montand du pauvre de la nouvelle génération ». Dans *France-Soir*,

Daniel Balavoine s'explique : *J'ai 32 ans et encore mes parents. Je n'ai jamais craché à la gueule de mon père. En revanche, s'il me disait : « P'tit con, une bonne guerre, cela te ferait du bien ! », je ne lui parlerais plus. Je crois être le seul mec de mon âge qui ait déclaré qu'il fallait continuer à commémorer la guerre. En revanche, si l'on veut que la jeunesse soit impliquée, il faut en profiter pour organiser des manifestations pacifistes.*

Je ne recommencerai plus... ou alors, plus poliment !

Quinze jours plus tard, le 5 novembre 1983, Balavoine participe à l'émission « Champs-Elysées », une émission animée par Michel Drucker en direct sur Antenne 2. Une délégation d'anciens combattants fait irruption sur le plateau de l'Espace Cardin à Paris et exige que Balavoine fasse publiquement des excuses. Après avoir interprété sa chanson *Frappe avec la tête*, le chanteur revient sur l'incident de « Sept sur Sept » : *Je ne suis pas venu du tout pour polémiquer, je sais que c'est une émission de variétés… Vous faites allusion à une émission qui a eu lieu, il y a deux semaines à la télévision. J'ai enregistré cette émission, et je l'ai regardée à plusieurs reprises pour comprendre ce qui avait attiré les foudres sévères de quelques-uns. Alors, je voudrais dire ceci : très sincèrement, ce que j'ai dit ce jour-là était exclusivement et très clairement adressé à ceux qui souhaitent à la jeunesse actuelle une bonne guerre pour qu'elle apprenne à vivre. Pour les autres, qui sont les déportés, ou des gens qui se sont battus, qui ont résisté pour leur liberté, voire pour la nôtre, je suis sûr que ces gens-là ne peuvent pas souhaiter à leurs enfants d'endurer ce qu'ils ont enduré eux-mêmes. Alors, si ma manière de m'exprimer a fait qu'ils se sont sentis visés par mes propos, je le regrette. Je ne dis pas que je m'excuse, c'est mieux, je suis navré… Mais je ne partirai pas d'ici sans dire que, contrairement à ce que souhaitent certains, avant d'être un chanteur, je suis un homme avec ses emportements, ses excès, ses colères… Je vous remercie, je ne recommencerai plus, ou alors plus poliment !*

Parallèlement à l'agitation suscitée par tout cela, Balavoine sort un nouvel album, *Loin des yeux de l'Occident*. Il regroupe neuf chansons enregistrées au Strawberry Studio près de Londres et au studio Inverness en Écosse. Sur la pochette, Daniel Balavoine pose entouré de deux grands-mères, l'une africaine et l'autre chinoise, en costumes traditionnels. Mis à part le titre *Les petits lolos*, plutôt léger, tous les titres de ce nouveau 30 cm évoquent des sujets graves comme les dictatures d'Amérique du Sud – Revolución –, la torture – *Frappe avec ta tête* –, la drogue – *Poisson dans la cage* –, et même la condition féminine – *Pour la femme veuve qui s'éveille*. Cette dernière chanson sera d'ailleurs le premier extrait de l'album, et un clip, mis en scène par Jean-Pierre Berckmans, sera tourné dans un petit village près de Dakar. Il avoue : *J'ai écrit cette chanson pour toutes les femmes veuves, particulièrement du tiers-monde, mais on peut la dédier à toutes les femmes veuves, d'hommes qui ont fait la guerre.*

Entre le 17 février et le 27 avril 1984, Daniel Balavoine entreprend une grande tournée qui l'emmène de Lausanne à Perpignan, en passant par le Printemps de Bourges. À part quelques incidents, comme à Avignon où il doit annuler son spectacle à cause d'une association d'anciens combattants, la tournée se passe très bien et Balavoine réunit chaque soir des milliers de fans enthousiastes.

Donc, j'ai envie de faire un enfant !

Le grand événement dans la vie de Daniel Balavoine en cette année 1984, c'est la naissance de son premier enfant. En effet, c'est à Genève le 15 juillet 1984 que Corinne, la compagne du chanteur, donne naissance au petit Jérémie. Ce jour-là, Daniel est bouleversé, il pleure de joie… Lui, qui avait envisagé, deux ans plus tôt, la concrétisation de ce rêve, de cette paternité : *Ce n'est peut-être pas pour rien que je n'en ai pas encore. J'ai été marié très jeune, j'avais à peine vingt ans. J'aurais voulu avoir un enfant à ce moment-là, j'aurais un enfant de dix ans maintenant… J'ai passé cette période complètement imbécile où je me disais que j'allais faire un enfant mais pour le mettre dans quel monde. Il va encore y avoir des guerres, on a la pollution, c'est vraiment lui offrir un plat de merde ! De ce côté-là, je suis tout à fait calmé. Je ne crois pas à la fin du monde, à l'apocalypse atomique, ce sont des conneries et des sornettes. Même si ça arrive, il en sortira toujours quelque chose. Ça évoluera, peut-être que, dans cinquante ans, on aura les bras sur la tête et les oreilles sur les pieds. Peu importe. Qu'est-ce qu'on en a à foutre ? Donc j'ai envie de faire un enfant !*

Au même moment sort un disque 45 tours inédit et de circonstance, *Dieu que c'est beau*. Et promotion oblige, participant à l'émission « Les Enfants du Rock » le 14 septembre 1984, il avoue : *Je suis un chanteur de musique pop en état de marche, c'est tout. Les autres pensent ce qu'ils veulent. De toute façon, je suis hypermétrope, ça veut dire que je ne vois pas bien de près. Je suis trop près de moi-même pour me voir et en parler. Je suis ce que je suis et les autres en pensent ce qu'ils veulent.*

Le moment charnière de ma carrière...

Autre grand moment pour l'artiste, c'est son Palais des Sports. En effet, il retrouve sa grande scène fétiche de la porte de Versailles à Paris du 21 au 30 septembre 1984. Daniel Balavoine se confie alors : *Ce deuxième Palais des Sports est sans doute le moment charnière de ma carrière. J'ai été très impressionné par le spectacle de Peter Gabriel. Il y régnait, malgré une haute technicité, un climat de liberté et d'évasion. Par le choix d'un matériel de pointe, tant sur le plan sonore que lumineux, qui allie à la fois la qualité et la discrétion, je veux créer sur scène une simplicité et une élégance dignes du temps d'Édith Piaf... On avait décidé avec mes amis producteurs, Robert Bialek et Claude Jarroir, qu'on ne ferait plus de spectacle, ni de disque pendant deux ans pour respirer un peu, et surtout laisser le public respirer. Donc, on voulait faire quelque chose de bien et le réussir.*

L'un des concerts est enregistré, mixé et édité sur disque Barclay, à la fin de l'année 1984. Plus de 200 000 exemplaires du double album se vendent en quelques semaines. Balavoine n'en revient pas lui-même. Ces ventes de disques confortent son esprit et son engagement à poursuivre sa carrière autrement.

Le 1er janvier 1985, Daniel Balavoine se lance dans son deuxième Paris-Dakar. Il est le coéquipier du journaliste automobile Jean-Luc Roy, sur une voiture Toyota. Ils finissent trentièmes !

En cette année 1985, les stars du monde entier se mobilisent pour l'Éthiopie. Les grands noms de la pop anglaise se réunissent à l'initiative de Bob Geldof et enregistrent *Do they Know It's Christmas ?*, qui devient un hit européen en ce début d'année. Les Américains ne tardent pas à suivre. Michael Jackson, Quincy Jones et Lionel Richie créent U.S.A For Africa et font vibrer les charts du monde entier avec *We Are The World.* Le 13 juillet a lieu le Live Aid, un concert en mondovision, qui se déroule simultanément à Wembley, près de Londres, et à Philadelphie, aux États-Unis. À l'invitation de Monique Le Marcis de RTL, une délégation française assiste au concert de Wembley. Il y a des artistes : Michel Berger, France Gall, Jean-Jacques Goldman, Jean-Louis Aubert et Daniel Balavoine, et il y a aussi des journalistes Serge Loupien et Lionel Rotcage. Ce dernier va devenir le représentant en France de Band Aid et va convaincre Balavoine, Michel Berger et France Gall de le soutenir dans son opération, « Action-Écoles ». C'est lui qui va également aider Daniel Balavoine à mettre sur pied l'opération « Pompes à eau pour l'Afrique ».

Je ne peux plus me taire... Je ne veux plus !

Par ailleurs, le 15 juin 1985 sur la place de la Concorde à Paris, il soutient Harlem Désir, le fondateur de SOS Racisme, pour un grand concert gratuit. Daniel Balavoine appartient au comité de Colombes et milite non pas comme une star de la chanson mais comme un simple individu. Il confirme : *Je ne peux plus me taire, je ne veux plus… On doit se battre et imposer nos idées partagées par des millions de gens sur cette planète. Pourquoi toutes ces différences, le monde serait tellement plus simple sans tout ce racisme, merde !* Politiquement, il souhaite vraiment que les choses bougent. Parlant d'une précédente élection législative, il affirme ainsi : *J'attends le jour où le divorce sera complet, le jour où dès le premier tour une énorme majorité de gens iront voter et pourront dire, enfin, que dans le choix qui leur est proposé, il n'y a rien qui leur convient. Vous entrez dans un magasin, vous voulez un pantalon rouge. On vous dit : Il n'y en a que des verts, des bleus et des jaunes. Vous y allez une première fois en disant : Non, j'en veux un rouge ! La deuxième fois, vous n'allez pas ressortir à poil, vous allez en prendre un bleu ou un vert. C'est exactement ce qui se passe. C'est ce qui montre la petitesse, la mesquinerie du monde politique.*

Le 16 octobre 1985, Balavoine participe au concert des Chanteurs Sans Frontières organisé par Renaud à La Courneuve, aux côtés de Jean-Jacques Goldman, France Gall, Michel Berger, Valérie Lagrange, Josiane Balasko, Catherine Lara, Jean-Luc Lahaye, Coluche, Diane Tell, Francis Cabrel, Pierre Bachelet, Alan Stivell, Nicolas Peyrac, Hugues Aufray, Hervé Cristiani, Diane Dufresne, Carlos, Gérard Blanchard, Pierre

Vassiliu, Jacques Higelin, Yves Simon, Louis Chedid, Julien Clerc, Jeane Manson, Alain Souchon, Fabienne Thibeault, Laurent Voulzy, Didier Barbelivien, Axel Bauer, Christophe, Richard Gotainer, Gérard Depardieu, Richard Berry, Michel Delpech… Malgré les sept mille spectateurs présents ce dimanche après-midi, ce concert unique est un échec. En revanche le disque va bien fonctionner et se vendre à plus d'un million d'exemplaires.

Une possibilité de trouver des raisons de s'aimer...

En cette fin d'année 1985, Daniel Balavoine sort son huitième album studio intitulé, *Sauver l'Amour*. Comme le précédent, il est enregistré en Écosse. Au préalable, Daniel a préparé les maquettes chez lui à Colombes grâce à un Fairlight, un appareil révolutionnaire pour l'époque qui relie un clavier de synthé à un ordinateur, et qui permet d'échantillonner des sons et de construire des rythmiques. À propos de *Sauver l'Amour*, Balavoine expliquera : *Sauver l'amour, ça veut dire qu'on parle toujours de sauver des idéologies ou des religions ou des cultures et qu'on ne parle jamais de sauver l'essentiel. Il me semble que l'amour, sans aller jusqu'à « On est tous frères » ou « Aimons-nous les uns les autres », est l'essentiel de la vie. Si on a une possibilité de trouver des raisons de s'aimer, essayons vraiment de les trouver et ensuite de les cultiver. J'ai intitulé ce disque* Sauver l'Amour *car la notion d'amour est en train de dépérir et pourtant elle est la clé de tous les problèmes dans ce monde où le plus beau reste à faire !*

... Je voudrais que ce soit le dernier !

Comme une tradition ancestrale, avant la sortie d'un disque, Daniel Balavoine faisait toujours écouter ses chansons à Monique Le Marcis, la directrice des programmes de RTL. Ainsi, dans le grand bureau de la rue Bayard à Paris, accompagné de sa compagne Corinne dont il touche le ventre, Daniel confie ce jour-là : *J'aime tellement cet album que je voudrais que ce soit le dernier !* Une étrange parole testamentaire.

On l'apprendra après sa disparition, Balavoine souhaitait verser les droits de la chanson *Un enfant assis attend la pluie* à des œuvres de charité pour le continent africain.

Promotion oblige, Daniel Balavoine accorde de nombreuses interviews en radio. Il défend son nouvel album et justifie ses combats. De France Inter à Sud Radio, de RTL en passant par Radio Monte-Carlo… L'artiste est un bon client des talk-shows. Michel Drucker le reçoit dans son émission quotidienne « Studio 1 » et diffusée en direct le matin sur Europe 1. Ce même jour, il accorde un entretien à Julie, la célèbre voix radiophonique d'Europe 1, pour lui confier ses secrets de cuisine pour réaliser la pipérade: *La pipérade reste mon plat préféré. C'est simple à réaliser. Il suffit de quatre tomates, d'un œuf, d'une gousse d'ail, de trois oignons, de deux piments doux, d'un poivron et d'un peu d'huile d'olive. Ce plat me plaît déjà… La pipérade est un plat que l'on fait au Pays Basque et qui a des points communs avec la spécialité du sud-est de la France. Ça a la couleur de la ratatouille, ça ressemble à la ratatouille, mais ce n'est pas la ratatouille ! J'aime l'accompagner souvent d'un bon jambon de Bayonne... Et là, chez moi avec mes amis, c'est le bonheur absolu !*

Le 31 octobre 1985, dans l'émission « Zénith » sur Canal +, Balavoine avoue: *En ce moment, je me regarde pas mal dans la glace. Mais c'est pour me stimuler pour maigrir et bouffer moins. Mon meilleur profil, c'est de face. Quand je suis un peu de côté, on voit les bonnes joues. Je suis en plein régime parce qu'après tout le travail que j'ai fait... En Écosse, on est resté trente-cinq jours et on a bouffé trente-cinq jours des plats en sauce. Ce qui fait que je suis passé de soixante-dix à soixante-dix-sept kilos !*

Je ne suis pas contre le racisme, je suis pour les races

Sur cet album, il y a bien sûr *L'Aziza*, qui sera le premier single à rentrer au Top 50, le 24 novembre 1985. *L'Aziza* signifie « la chérie » en arabe. Il dédie bien sûr cette chanson à Corinne, sa compagne, la maman du petit Jérémie, alors enceinte de leur deuxième enfant.

À son propos, Daniel Balavoine confiera : *Elle est juive marocaine, et quand j'entends qu'il faut vider les immigrés, j'ai peur qu'on m'enlève ma femme ! Je me suis réveillé un matin, je l'ai regardée et j'ai constaté qu'elle avait les cheveux noirs, la peau mate et qu'elle était née à Casablanca… J'ai compris que j'étais amoureux d'elle. Je ne suis pas contre le racisme, je suis pour les races. Il faut arrêter de parler d'intégration. Je ne dirai pas qu'il faut aller jusqu'à cultiver les différences mais les constater, les apprécier et aimer les gens pour leurs différences. Il y a un fossé entre les races, il ne faut pas essayer de le combler. En revanche, un fossé, ça peut se franchir !*

Un clip est tourné en France par Olivier Chavarot, avec une jeune comédienne marocaine prénommée Fejria et deux petites filles, l'une d'origine algérienne et l'autre marocaine. Ces images tourneront en boucle durant tout l'hiver, faisant de *L'Aziza* la plus jolie chanson d'amour de l'année. Ce titre devient un symbole, un magnifique témoignage d'amour pour le respect de toutes les cultures. Pour cette chanson et durant la Fête des Potes organisée le 7 décembre 1985 au Bourget, Harlem Désir, au nom de SOS Racisme, lui remet le prix de la Chanson anti-raciste. Pour l'homme politique et le fondateur de SOS Racisme, *L'Aziza* n'est ni un tract, ni un pamphlet, ni un manifeste, mais un constat grave, tendre et plein d'espoir.

Ma vie est à droite, mais mon cœur penche à gauche !

Durant tous les mois de décembre, Daniel Balavoine accorde de nombreuses interviews et participes à quelques émissions de télévision en France, en Belgique et en Suisse. Son album plaît beaucoup. Il ressent une certaine fierté, ses efforts sont récompensés. Mais sa principale préoccupation reste son prochain voyage, qu'il souhaite effectuer aux côtés de Thierry Sabine et d'une équipe technique. Il est inquiet car il n'a pas encore reçu toutes les autorisations nécessaires pour ce voyage. Son inquiétude se lit sur son visage lorsque nous nous rencontrons à Genève le

19 décembre 1985. Dans les coulisses de la TSR, il m'en parle et me raconte ses projets en terre d'Afrique. Son engagement est pour lui un devoir. Il est très excité à l'idée de partir et d'aider des peuples dans le besoin. Il est heureux de me rencontrer et de tester auprès de moi ses nouvelles histoires drôles. Il m'interroge sur mon métier, sur les artistes que je représente, il veut connaître les derniers potins et s'impatiente de rentrer sur Paris. Suite à un avion manqué en fin de journée, nous sommes dans l'obligation de rejoindre Paris en train. Ainsi pendant plus de trois heures, nous voyageons ensemble, nous nous racontons des anecdotes et une fois de plus, Balavoine me récite sa vie : *Tu sais, depuis toujours, j'ai la sensation de devoir la vie à mon petit frère mort à quinze mois. Il était le sixième. S'il avait survécu, je ne serais jamais né, mes parents ne voulaient pas sept enfants... Je ne crois pas en Dieu, et je ne crois pas aux astres mais je crois à quelque chose de parfait. Je n'ai jamais eu envie de faire de la musique, je voulais étudier le droit et les sciences politiques. Si je me suis orienté vers la chanson, c'est par paresse.*

Les études longues m'ont fait peur. Aujourd'hui, je ne me considère pas comme un auteur-compositeur-interprète. Je me considère réellement comme un musicien-chanteur. Aucun chanteur ne peut prétendre faire tout lui-même. C'est souvent un travail d'équipe. J'ai gardé une manie de mes débuts, je découpe tous les articles qui parlent de moi ! Je suis certainement l'une des rares personnes qui n'a pas envie de voyager, j'aime rester chez moi sans rien faire. Je peux rester au lit pendant deux jours sans pour cela m'ennuyer. Lorsque j'étais jeune et chanteur débutant, je rêvais de posséder une Ferrari 408 GTB, *non par luxe mais par amour des voitures et de la vitesse… J'ai un toc dans la vie, c'est l'impression d'avoir toujours oublié quelque chose. En voiture aussi, j'additionne systématiquement les numéros des plaques minéralogiques des véhicules devant moi ! Lorsque je suis dans un taxi, je vérifie au moins trois fois si j'ai bien mes clés, mes papiers, mon porte-monnaie. Je préfère lire dans un journal les mauvaises critiques que les bonnes. Elles sont souvent plus drôles ! Dans la vie, je ne suis pas apolitique mais anti-politique. Je suis contre et pour tout le monde en même temps. Ma vie est à droite mais mon cœur penche à gauche. Je suis bizarre, tu ne trouves pas ? Moi qui voulais, jusqu'à l'âge de dix-huit ans, embrasser une carrière de député car la politique m'amusait et surtout je voulais refaire le monde. Dans la vie, j'adore faire des gags à mes copains et je bois beaucoup de bière avec eux. Ma préférée est celle que l'on trouve en Belgique, la trappiste. Hélas, je ne suis pas sportif, le seul sport que j'aime est le surf que j'adore regarder à la télé. J'ai dû faire du sport dans ma vie, lorsque je me préparais physiquement au spectacle de Starmania. J'avais besoin de faire de la scène, j'avais besoin de cet oxygène. Michel Berger m'avait inscrit à un club de gym pour perdre du poids. J'oubliais une fois sur deux d'y aller ! Et puis, comme tous les gens du Sud-Ouest, j'adore manger. Quand je suis à la maison et comme je suis un maniaque de mes disques, je les nettoie sans arrêt. Chaque album est rangé dans trois pochettes. Tu savais qu'avant de monter à Paris, pendant un an, j'ai chanté à la Maison de la Culture de Pau ? et que je passe généralement toutes mes vacances d'été à Biarritz sur la Côte basque ? En tout cas, dans la musique, moi qui suis d'une timidité maladive, j'aimerais arriver à la perfection de Genesis ou de Supertramp. Pour moi, je suis amoureux de la France et de la langue française. Il est temps que le français soit une langue qui s'assume dans la chanson. Comme je souffre d'insomnie, c'est la nuit que je compose la plupart de mes chansons. En musique, je ne crois pas au génie méconnu et tu sais, j'aurais adoré écrire des chansons pour Édith Piaf. Pour moi, si Prokofiev et Stravinsky n'avaient pas existé, la musique classique ne serait pas ce qu'elle est. N'en déplaisent à certains ! Je crois que mon meilleur souvenir dans la vie reste le jour où Michel Berger m'a proposé d'interpréter le rôle de Johnny Rockfort dans* Starmania. *Est-ce que tu sais que j'ai vu sept fois* Orange Mécanique *de Stanley Kubrick. Eh bien pour être très franc avec toi, j'irais bien le revoir encore une fois !*

Pour ton info, j'ai commencé à écrire un roman. L'histoire est basée sur un fait-divers. Je ne t'en dirai pas plus pour l'instant. En attendant, je relis régulièrement Le procès *de Kafka. Cet écrivain me fascine et m'angoisse. Je te l'ai déjà dit, je suis hanté par la peur de la mort, ça m'empêche souvent de dormir ! En tout cas, je suis partant pour un voyage sur Vénus et j'espère vivre jusqu'à cent ans !*

Puis, à notre arrivée Gare de Lyon à Paris, un peu avant minuit, il me montra le cendrier en verre qu'il avait au fond de la poche de son grand imperméable. Un objet gagné à l'âge de cinq ans dans un concours de twist et qu'il gardait sur lui comme un trophée, un porte-bonheur… Le rire encore aux lèvres, on s'embrassa en se promettant de dîner un soir ensemble ! Hélas, c'était la dernière fois que je le voyais.

Je pars tranquille...

Le Noël 85, Daniel le fête en famille à Nogent-sur-Marne. Pour le nouvel an, il part à Biarritz pour passer le réveillon avec ses amis de la Côte basque. Venu embrasser son frère Guy à St-Vincent-de-Tyrosse, Daniel se confie : *Je pourrais rester tranquille, les pieds dans mes pantoufles et pourtant, je ne peux pas m'en empêcher, il faut que j'y aille.* Guy lui propose alors de l'accompagner en Afrique. Daniel rétorque : *Non, toi tu as ta famille et papa qui est malade. Je pars tranquille parce que je sais que tu t'en occupes.*

Avant de partir en mission, Daniel Balavoine avait remis à sa complice de toujours, Catherine Ferry, une cassette audio sur laquelle figurait une chanson qu'il avait composée pour Frida du groupe Abba. Balavoine souhaitait vraiment que Catherine enregistre une version française de ce titre. Le 7 janvier 1986, Daniel téléphone à Catherine pour lui présenter ses vœux et surtout pour lui confirmer son retour le 19 et l'enregistrement en studio le 20 janvier. À ses mots et compte tenu du travail, Catherine lui suggère de rentrer plus tôt. Agacé, Balavoine répond : *Ah, mais me fais pas chier ! Ne t'inquiète pas, je cogiterai le texte dans l'avion !*

En janvier, avec une grande sérénité, il repart donc en Afrique pour le Paris-Dakar. Cette fois, il ne participe pas à la course, mais supervise l'opération « Paris du Cœur », pour amener et installer des pompes à eau dans le but d'aider les populations à combattre la sécheresse. Autre mission, dans le cadre de « Action-Écoles », Daniel doit réaliser chaque jour, avec les reporters d'Europe 1, une série de chroniques sur les endroits où il s'arrête. Le 8 janvier est diffusé en France un reportage télévisé dans lequel on voit Daniel apportant des motopompes dans un village. Ce sera la dernière apparition télé de Daniel Balavoine.

Quelques jours plus tard, l'hélicoptère Ecureuil décolle avec cinq personnes à bord. Thierry Sabine, Nathaly Odent, la journaliste du *Journal Du Dimanche*, François-Xavier Bagnoud, le pilote, Jean-Paul Le Fur, le radio et bien sûr Daniel Balavoine. Les conditions météorologiques sont détestables. Pourtant l'opération continue. La mission consiste à remonter le fleuve Niger, un repère facile à suivre. Il est environ 20 heures, la nuit tombe et à vingt et un kilomètres de Gourma Rharous, où a lieu ce jour-là l'arrivée de l'étape, l'hélicoptère se pose à cause du manque de visibilité. Puis le pilote choisit de redécoller et de suivre un 4 x 4 Mitsubishi qui est conduit par des dentistes originaires de Nice. Volant à basse altitude, le pilote de l'hélicoptère se repère grâce aux feux rouges arrière de la voiture. À un moment précis, le 4 x 4 ralentit car la piste dévie légèrement sur la gauche. Malheureusement, l'hélicoptère reste sur son axe et percute une dune de sable. Sur le coup, les conducteurs du véhicule pensent que le pilote de l'hélicoptère leur a envoyé une fusée pour leur montrer le chemin. Hélas, en ce 14 janvier 1986, il n'y aura aucun survivant.

La disparition de Daniel Balavoine est un événement. À l'annonce du drame, l'attachée de presse Geneviève Salama et l'avocat Maître Sylvain Jaraud prennent le contrôle de la situation. Avec beaucoup de courage, ils répondent aux médias et protègent Corinne, enceinte de trois mois. Le soir même, Michel Berger et Jean-Jacques Goldman témoignent ensemble dans une émission sur RTL.

L'émotion est grande. La colère s'installe alors. Tout le monde s'interroge sur les conditions de vol. Une enquête est ouverte. Malgré les vents de sable, on découvre à l'endroit où l'hélicoptère s'était posé des flacons vides d'anti-venin, des pansements et du coton. Les rumeurs circulent. L'un des occupants aurait-il été mordu par un serpent ? Cette raison aurait-elle été suffisante pour motiver les risques pris par le pilote ? Beaucoup de questions resteront hélas, sans réponse. La France entière pleure son aventurier. On a brisé le rêve de celui qui refusait tant d'injustice et tant de misère dans ce monde.

Son corps est rapatrié en France. Le samedi suivant, des milliers de personnes se rendent au funérarium du mont Valérien à Nanterre pour se recueillir une dernière fois. Deux jours plus tard, ses obsèques sont célébrées en l'église Sainte-Eugénie. Les yeux rougis par le chagrin, de nombreuses personnalités assistent à cette cérémonie. En fin de journée, un dîner est improvisé dans un restaurant de l'aéroport. Tous évoquent la mémoire d'un homme juste et bien. Daniel Balavoine repose désormais au cimetière de Sabaou à Biarritz.

Sa fille Joana naît le 1er juin 1986.

Balavoine avait dit un jour : *Je suis parfaitement conscient qu'un jour tout cela aura une fin. Le jour où je ne ferai plus de chansons, si j'ai encore envie de chanter, je m'en ferai écrire par les autres, ou je ferai du cinéma, ou des bouquins, ou bien rien si j'en ai les moyens... Quoi qu'il arrive je ne chanterai pas à l'Olympia pendant vingt ans. Je tâcherai de faire une première sortie en haut des hit-parades. Je veux que les gens n'aient pas à voir un chanteur qui a mal vieilli.*

Le destin, hélas, lui permettra de réaliser sa pensée !

À tout jamais, Daniel Balavoine reste parmi nous, ce jeune rebelle des années quatre-vingt que la jeunesse des années 2000 redécouvre grâce à ses chansons éternelles, reprises régulièrement par les élèves de la Star Academy, de la Nouvelle Star ou par les Enfoirés des Restos du Cœur.

Discographie complète de Daniel Balavoine

Cette discographie reprend tous les enregistrements de Daniel Balavoine par ordre chronologique de première parution sur leur support original – 45 tours, 33 tours et compact disc – à l'exclusion des compilations, rééditions, maxi 45 tours et pressages étrangers.

1973

Viens vite – Lire un livre

1975

DE VOUS À ELLE EN PASSANT PAR MOI

De vous à elle en passant par moi – Vis loin de moi – Pas plus intelligent – Pauvre Nicolas – L'alcool n'y change rien – Tes pieds toucheront par terre – Évelyne et moi – Couleurs d'automne – L'enfant aux yeux d'Italie – Mona Lisa, suite (A. La chanson vide – B. La première fille de ma vie – C. Elle reprisait mes chaussettes – D. Ça ne vous regarde plus)

Évelyne et moi – Vie loin de moi – Vienne la pluie – La tête en bas

1977
LES AVENTURES DE SIMON ET GUNTHER…
Correspondances – La porte est close – La réponse – Mon pauvre Gunther – J'entends cogner ton cœur – Lise Altmann – Les aventures de Simon et Gunther… Stein – Lady Marlène – La lettre à Marie – Ma musique est mon patois.

Lady Marlène – La porte est close

1978

Je suis bien – Le français est une langue qui résonne

LE CHANTEUR

Les Oiseaux 1re partie – Les Oiseaux 2e partie – France – C'est un voyou – Lucie – Le chanteur – Si je suis fou – Oiseau de nuit – Le pied par terre – Des gens comme vous

Si je suis fou – Le chanteur

Le chanteur – Si je suis fou

Lucie – S.O.S. d'un terrien en détresse

1979

FACE AMOUR, FACE AMÈRE

Face amour, face amère – Toi et moi – Me laisse pas m'en aller – Love Linda – Tu me plais beaucoup – Ces petits riens – Dancing samedi – Pauvre Bobby – Drôle de galaxie – Rougeàgèvre.

(Le titre *Pauvre Bobby* est interprété par Clin d'œil et chanté par Roger Secco.)

Me laisse pas m'en aller – Toi et moi

Dancing samedi – Face amour, face amère

Tu me plais beaucoup – Ces petits riens

1980

UN AUTRE MONDE

Mon fils, ma bataille – 10 000 mètres – Bateau toujours – Lipstick polychrome – Je ne suis pas un héros – Détournement – La vie ne m'apprend rien – Allez hop ! – Mort d'un robot – Un autre monde

Mon fils, ma bataille – Détournement

Lipstick polychrome – Je ne suis pas héros

1981

Balavoine sur scène, Olympia 1981

Un autre monde – Promenade – Allez hop ! – Je suis bien – Lady Marlène – Ne me laisse pas m'en aller – Rougeàgèvre – La vie ne m'apprend rien – Banlieue Nord – Détournement – Twilight Zone – Le chanteur – Les oiseaux 1 – Les oiseaux 2 – Lucie – Lipstick polychrome – Mon fils, ma bataille – Bateau toujours – Quand on arrive en ville – Mort d'un robot – Je ne suis pas un héros.

La vie ne m'apprend rien – Allez hop !

1982

Vendeurs de larmes

Pour faire un disque – Vivre ou survivre – Je veux de l'or – Dieu que l'amour est triste – C'est fini – Soulève-moi – L'amour gardé secret – La fillette de l'étang – Y'a pas de bon numéro – Vendeurs de larmes – Viens danser – La danse – Au revoir.

Vivre ou survivre – La fillette de l'étang

Vendeurs de larmes – Dieu que l'amour est triste

Soulève-moi – L'amour gardé secret

1983
Belle (en duo avec Frida) – C'est fini

Loin des yeux de l'Occident
Pour la femme veuve s'éveille – Supporter – Les petits lolos – Frappe avec la tête – Vidéo « série noire » – Partir avant les miens – Poisson dans la cage – Elu par les bœufs – Revolución

Pour la femme veuve qui s'éveille – Supporter

Les petits lolos – Frappe avec la tête

1984
Dieu que c'est beau – La Muraille

BALAVOINE AU PALAIS DES SPORTS

Lucie – Les petits lolos – Supporter – La vie ne m'apprend rien – Vendeurs de larmes – Poisson dans la cage – Vidéo « série noire » – Mon fils, ma bataille – Partir avant les miens – Dieu que c'est beau – Soulève-moi – Revolución – Pour la femme veuve qui s'éveille – Le chanteur – Je ne suis pas un héros – Frappe avec ta tête.

1985

SAUVER L'AMOUR

Aimer est plus fort que d'être aimé – Tous les cris les S.O.S. – L'Aziza – Le blues est blanc – Sauver l'amour – Petite Angèle – Petit homme mort au combat – Ne parle pas de malheur – Un enfant assis attend la pluie.

L'Aziza – Tous les cris les S.O.S.

1986

Sauver l'amour – Petite Angèle

Aimer est plus fort que d'être aimé – Ne parle pas de malheur

Diverses collaborations artistiques

1971

PRÉSENCE

Le jour s'est levé – La lumière et la folie

1973

LA RÉVOLUTION

Opéra Rock écrit par Alain Boublil, Jean-Max Rivière & Claude-Michel Schönberg (Daniel Balavoine et son frère Guy y participent comme choristes.)

1974

PATRICK JUVET

Regarde

PATRICK JUVET – Chrysalide – La chanson des enfants – Couleurs d'automne – Les voix de Harlem – Hopman. (Daniel Balavoine est auteur, à l'exception de *Couleurs d'automne*, dont il est auteur, compositeur et interprète.)

1975

MÉLODIE S.A.

Et je m'en vais – Si peu d'été (Le premier titre est une reprise de Richard Anthony.)

CATHERINE FERRY

Julia mon cœur

1976

MÉLODIE S.A.

Sally – Autrefois

CATHERINE FERRY

Petit Jean

1977

Catherine Ferry

Mélodie Bleue – Une histoire d'amour

Catherine Ferry

Mélodie Bleue – Je me sens bien – Le cœur de maman – Une histoire d'amour – Julia mon cœur – Petit Jean.

Alain Bashung

Roman photos – Egg/Barclay (Daniel Balavoine y participe comme choriste.)

1978

Starmania

Opéra rock écrit par Michel Berger & Luc Plamandon

Daniel Balavoine interprète quatre titres : Quand on arrive en ville – Banlieue nord – Quand on n'a plus rien à perdre – Petite musique terrienne.

Banlieue nord – Quand on arrive en ville

ALICE FAROT – La petite fille dans le tramway (Daniel Balavoine y participe comme choriste.)

PIERRE ET MARC JOLIVET
La crasse de l'Oncle Tom (Titre signé Daniel Balavoine et Pierre Jolivet.)

1979
STARMANIA (coffret 4 disques)
Daniel Balavoine chante sur les titres : Quand on arrive en ville – Banlieue nord – Sadia et Johnny – Un enfant de la pollution – S.O.S. d'un terrien en détresse – Quand on a plus rien à perdre – Petite musique terrienne.

JANIC PRÉVOST
Les néons de la ville – Ne réponds pas (Deux titres cosignés Daniel Balavoine.)

1980
BANDE ORIGINALE DU FILM *ALORS… HEUREUX ?*

Alors Heureux – La ballade de Marc – Heureux ? Beaucoup, pas beaucoup – C'est la grève – Rocky et son frère – Strip-tease ministériel – Don Quichotte du nucléaire – La ballade de Marc (petit matin) – It's a miracle – La ballade de Marc (le dîner) – Le chanteur – Suspense – C'est la grève – Alors… Heureux ? (générique).

C'est la grève – Don Quichotte du nucléaire

CATHERINE FERRY
Tu es mon ennemi – Maman vit avec les animaux

JOHNNY HALLYDAY
Je ne suis pas un héros

1981
ÉTIENNE CHICOT
Ma maladie est tropicale (Daniel y participe comme choriste, notamment sur la chanson *L'Abidjanaise*. Étienne Chicot reprend un titre de Daniel Balavoine : *Le français est une langue qui résonne*.)

Marc Jolivet
Il pleut du sang (Titre signé par Daniel Balavoine et Marc Jolivet.)

1982
Fabienne Thibeault
Secrétaire de star

Catherine Ferry
Bonjour, bonjour

Frank Noël
Comme sur un fil – Quelque part (La direction artistique, la réalisation et les arrangements sont de Daniel Balavoine.)

1983
Conte musical Abbacadabra
Daniel Balavoine interprète trois titres : Délivrés – Belle – Lâchez mes cassettes (D'après les chansons du groupe Abba.)

Catherine Ferry
Grandis pas – Pourquoi pas

Frida
The Face

Michel Berger
Voyou – (Daniel Balavoine interprète *Une minute de silence* en duo avec Michel Berger.)

Yves Simon
Amazonique – (Daniel Balavoine est choriste sur la chanson *J'pense à elle tout l'temps*.)

1984
Philippe Patron
Les yeux fermés

Catherine Ferry
Prends tout ce qu'on te donne – Ça sert à quoi – Un homme tout perdu – Pourquoi pas – Vivre avec la musique – Bien vieillir – Raté (Daniel Balavoine est choriste sur la chanson *Vivre avec la musique*.)

1986

JEANNE MAS

Oh Mama – Cœur en stéréo (Deux titres réalisés par Daniel Balavoine, Andy Scott et Joe Hammer.)

CATHERINE FERRY

Quelqu'un quelque part

Filmographie

1979

Alors… Heureux ? de Pierre et Marc Jolivet, mise en scène de Claude Barrois.

1982

Qu'est-ce qui fait craquer les filles ? de Michel Vocoret.

Sources et interviews

Pour donner naissance à cet ouvrage, j'ai repris mes notes personnelles établies à partir de deux interviews de Daniel Balavoine que j'ai réalisées. J'ai ressorti et repris chronologiquement mes vieux agendas. J'ai réécouté quelques cassettes audio archivées depuis toutes ces années. J'ai consulté et relu beaucoup d'archives en presse écrite et enfin, j'ai pris beaucoup de plaisir à visionner quelques grandes émissions de télévision.

Par ces lignes, je tenais à rendre hommage aux journalistes, aux rédacteurs en chef, aux éditeurs, aux programmateurs, aux producteurs, aux réalisateurs et aux animateurs qui ont consacré un instant de leur existence à Daniel Balavoine, et qui m'ont permis, indirectement, de pouvoir écrire ce livre.

Il est important pour le lecteur de connaître aujourd'hui l'origine de chacun des documents écrits, sonores ou télévisuels sur lesquels s'appuie la vérité du propos de l'artiste.

PRESSE

Best – Rock & Folk – Le Magazine de la Discothèque – France-Soir – Le Parisien – OK Podium – Stéphanie – Hit magazine – Salut ! – Jukebox magazine – Télé 7 Jours – Télé Star – Podium Hit – VSD – Télé Guide – Rock Hebdo – Pop Music – Chez nous – Le Soir – Le Matin magazine – Paroles et Musiques – Chorus.

ÉMISSIONS RADIOPHONIQUES

Super Club (RTL) – La Grande Parade (RTL) – Basket (Europe 1) – Radio Plus (RMC) – Sud Radio – Radio Andorre – Parlez-moi d'amour (RTL) – Hit Parade (RTL) – France Inter – 95,2.

Émissions de télévision

TF1 : Sept sur Sept – Les rendez-vous du dimanche – Midi première – Destins brisés

Antenne 2 : JT – Musique and music – Numéro 1 – Les enfants du rock – Aujourd'hui la vie – L'Invité du jeudi

Canal + : Top 50 – Zénith

Remerciements

Laurent Abrial – Claire Balavoine – Guy Balavoine – Yves Balavoine – Alain Boublil – Jean-Louis Burgat – Patricia Carli – Louis Chedid – Étienne Chicot – Michel Denisot – Harlem Désir – Catherine Ferry – France Gall – Martine Gillet – Marithé & François Girbaud – Jean-Jacques Goldman – Yann Grasland – Fred Hidalgo – Marc Jolivet – Patrick Juvet – Christine Lamiable – Marc Larivé – Linda Lecomte – Patrick Lecocq – Patrick Mahé – Alain Marouani – Monique Le Marcis – Jeanne Mas – Clara Metayer – Institut François Mitterrand – Ambassade du Niger – Jean-Eric Perrin – Luc Plamondon – Catherine

Régnier – Jean-Luc Roy – Geneviève Salama – Marion Salort – Andy Scott – André Torrent – Gilles Verlant.

Cet ouvrage a été achevé d'imprimer par SAGIM en décembre 2010
sur rotative Variquik à Courtry (Seine et Marne)

Composition et mise en pages réalisées par
Compo 66 – Perpignan
112/2010

Éditions du Rocher
28, rue du Comte-Félix-Gastaldi
98000 Monaco
www.editionsdurocher.fr

N° d'impression : 12172
Dépôt légal : janvier 2011

Imprimé en France

L'imprimerie Sagim est titulaire de la marque
Imprim'vert® depuis 2004